DIEU

LE PESSIMISME

ET LA SCIENCE

PAR

JOHN PAGE HOPPS

TRADUIT DE L'ANGLAIS

PAR

Mme J. HAMELIN

PARIS

LIBRAIRIE GÉNÉRALE DES SCIENCES OCCULTES

BIBLIOTHÈQUE CHACORNAC

11, QUAI SAINT-MICHEL, 11

1902

DIEU

LE PESSIMISME ET LA SCIENCE

DIEU

LE PESSIMISME

ET LA SCIENCE

PAR

JOHN PAGE HOPPS

TRADUIT DE L'ANGLAIS

PAR

Mme J. HAMELIN

PARIS

LIBRAIRIE GÉNÉRALE DES SCIENCES OCCULTES

BIBLIOTHÈQUE CHACORNAC

11, QUAI SAINT-MICHEL, 11

1902

L'ÉTERNEL.

Mathieu Arnold disait très justement que le mot « Dieu » n'est pas approprié au langage scientifique, et n'est qu'un terme poétique, littéraire, en réalité ; il préférait, avec beaucoup de raison, celui d'«Éternel ».«Dieu» est un mot imprécis, se prêtant à toutes les définitions, basses ou élevées, selon celui qui l'emploie. Mais « l'Éternel» donne l'idée sublime d'un Être sans fin, d'un Être duquel nous pourrons dire (quand nous aurons appris qu'il est une Volonté voulant le Bien), en répétant les paroles les plus magnifiques, peut-être, que l'on ait dites de la Divinité : « L'Éternel est ton refuge, et le bras qui subsiste éternellement est ton appui. »

L'homme compte des jours et des années ; soixante-dix ans, au plus, forment l'espace de sa courte vie. Ce que nous appelons l'histoire ne remonte qu'à quelques milliers d'ans ; la durée des plus grands empires tient dans cet intervalle. S'agirait-il de compter par milliers de siècles, ce serait au-delà des bornes de notre compréhension.

Que sont les faibles durées appréciées par l'homm e

sinon de simples secondes à l'horloge du Temps ?
Qu'elle est insignifiante la petite créature dont les
jours sur la Terre sont compris dans de telles limites !
Combien il est naturel que, sa pensée se développant,
ce pygmée relève la tête et aspire à se former une idée
de Celui « qui habite dans l'Éternité » ?

L'idée d'un Dieu éternel n'appartient pas à l'enfance,
mais à l'âge adulte de l'humanité, et cette idée n'a pas
encore été traduite d'une manière complète. Certainement, le Jéhovah de l'Ancien Testament n'était pas
un Dieu complet. A l'enfance des races appartiennent
les différentes formes d'idolâtrie, ainsi que les caractères primitifs et cruels, comme celui qui paraissait
dans le Dieu des Juifs. Jésus vint relever très haut la
notion de la Divinité, en la plaçant sur le plan de la
vie spirituelle et de l'adoration, mais cela même sera
dépassé, pour monter à des degrés encore plus sublimes.

La conception de Dieu est en harmonie avec chacune
des étapes successives du développement moral et religieux ; il est donc bien improbable que l'homme, par ses
réflexions et son éducation personnelles, arrive à se
défaire de la notion divine. Il est plus vraisemblable,
au contraire, que, pensant et s'instruisa nt par lui-
même, il en viendra à mépriser ces fantômes de dieux,
qui avaient reçu les adorations des âges antérieurs
— à adopter une nouvelle idée de la divinité conforme
à la Science, et dont la raison et le cœur seront sa-
tisfaits.

L'Éternel ! Mot inépuisable en ses acceptions ! Si-
gnifiant que Dieu s'identifie avec la Nature, avec l'en-

semble de ses phénomènes et de ses potentialités, et qu'Il manifeste sa puissance divine par les lois et l'harmonie de l'Univers. De cette façon, Dieu n'est pas en dehors de sa création, mais au centre, comme le cœur et le principe vital du monde, la cause déterminante de ses destinées, la base de ses espérances.

Combien cette idée de Dieu est intimement liée au caractère le plus intéressant de ce que nous appelons « Nature » : — la prévoyance qui préside à toutes ses opérations admirables ! Il semblerait qu'une personnalité puissante et sage eût prévu et arrangé toutes choses des millions d'années à l'avance, les guidant en vue de cette

> « Consommation lointaine et divine
> « Vers laquelle tout marche et s'achemine »

La puissance suprême qui travaille au sein de l'Univers, élaborant ses œuvres sous le voile de la matière, qui se cache derrière les manifestations appelées « phénomènes » ou « lois », semble dominer l'avenir encore plus que le passé, et les événements écoulés auraient servi de chaîne, pour y jeter la trame des événements futurs. Est-ce simple imagination, en tout cas elle serait splendide cette conception d'une Intelligence corrélative avec l'évidente unité de dessein et la prévoyance observées dans la Nature — d'une Intelligence dont la vue embrasse la fin en même temps que le commencement des choses, et qui perçoit le dessin de la tapisserie, sur le métier tourbillonnant du temps — qui sait que les angoisses, le travail et les efforts profitent à l'avancement, et voit l'humanité, après bien des chutes, entrant enfin dans la maison de Paix ! Est-ce trop chimérique que de supposer une Entité intelligente, en rapport avec toutes choses dont l'existence est hors de doute, et les explique ? Et alors si, en dépit de toutes les souffrances et les dégradations humaines, nous constatons que les plus profondes, les plus énergiques tendances de la Nature se portent vers le bonheur et le progrès, serait-il trop hardi de supposer l'Intelligence agissant dans le monde Moral et Spirituel, de même que nous venons de la voir dans le monde matériel derrière la force créatrice et dirigeante, et de nous écrier alors, avec le poète de l'Ancien Testament : « l'Éternel est ton refuge ; et le bras qui demeure éternellement est ton appui »? Symbole, si l'on veut, mais cela se rapproche tellement du fait palpable, que l'on peut le prendre sans crainte pour la Vérité.

Quelle douce pensée, tandis que notre vie flotte à tous les vents, et que se rapproche la fin du voyage ! Soixante-dix ans écoulés, n'est-ce pas, après beaucoup de secousses et d'orages, comme l'entrée du vaisseau dans le port tranquille, quand nous savons que l'Éternel nous conduit ? C'est pour cela que Dieu m'a créé, peut dire le vieux passager ; l'Éternel lui-même vit dans les pauvres années que j'ai passées sur l'erre ; je fais partie d'un tout immense, et ce tout se résume en lui. Mes soixante-dix ans ne sont qu'une vague imperceptible sur le fleuve de la Vie universelle et divine. Qu'importe où je vais, et quand je m'en irai. Je sais que je vais à lui, à lui qui habite l'Éternité — qui la remplit et l'imprègne tout entière. Cela est infiniment consolant pour qui aime le Bien, et voudrait voir régner le bonheur en ce monde.

Quelle sera la fin de tant d'hostilités et de troubles, disons-nous; justice sera-t-elle faite et le bon droit prévaudra-t-il à la fin ? La maladie, la misère, le vice seront-ils bannis, ou retenus sous le contrôle de la raison, de la conscience, de la volonté ? Quelle réponse que celle-ci : « le Dieu éternel est ton refuge ; et le bras qui demeure éternellement est ton appui » ! Voilà la foi, voilà la confiance de quiconque a reconnu pour certain et médité ce fait important, que, dans l'Univers indéchiffrable, les choses destinées à durer, à survivre ne sont pas le désordre, la cruauté, la misère et la mort, mais, au contraire, l'harmonie, la douceur, la joie et la vie. Comprenez, exprimez comme vous voudrez cette pensée, et l'abandon plein de douceur qui en découle : c'est en cela, en cela seul que consiste la croyance en Dieu.

C'est là un terrain neutre où tout le monde peut s'accorder, où il n'y a plus un athée. Ailleurs règne la divergence des *credo* : l'un voudra un Dieu personnel, à la façon de l'humanité ; un autre rejettera cette croyance comme difficile, ou impossible à admettre. Mais ici, il n'y a qu'à lire dans le livre de la Nature où sont manifestés en toutes choses, d'une manière sensible et reconnaissable pour chacun de nous, une inaltérable unité d'intention, un pouvoir qui ne se dément jamais. L'allemand Strauss, le courageux penseur, voulait qu'à la place de Dieu miséricordieux et Tout-Puissant, on glorifiât le Tout-

Puissant Cosmos et son ordre inaltérable : auprès de beaucoup de gens, ce savant passa pour athée et irréligieux. Cependant, celui qui hausse son regard pour admirer, son cœur pour aimer le puissant, le bienfaisant Cosmos se réfugie dans cette contemplation, dans cet amour. L'ordre si régulier de la Nature est le motif de sa confiance, c'est pour lui « le bras qui demeure éternellement ». Dieu fera-t-il un reproche à l'homme d'avoir épelé son divin nom d'une manière ou d'une autre ? Il y a réellement un très grand nombre d'hommes et de femmes qui ne savent dire « je crois en Dieu » et qui ont pourtant en Lui une foi bien plus sincère que celle dont tant de gens se vantent, et qu'ils se figurent posséder.

« Venant de l'Eternité retournant à l'Eternité » est la définition la plus frappante et la plus vraie de cette entité vivante et puissante qui est alentour, au-dessus, au-dessous, au-dedans de nous tous. Le déiste loge une âme vivante dans le corps gracieux de la Nature, et attribue l'étonnante persévérance de son action progressive à une volonté intelligente ; dans le colosse puissant et muet, il tâte le battement du cœur ; derrière la magnifique machine en travail, il distingue la voix qui dirige. C'est bien, cette adoration intellectuelle est peut-être la préférable. Mais il peut suffire aussi d'un simple élan du cœur : d'un sentiment de respect, de joie, à la vue des beautés de la Nature : que l'on soit ému, plein de reconnaissance, épuré, rendu meilleur par ses plus nobles inspirations. Car c'est en cela que consiste la plus belle religion, la foi en Dieu la plus sincère et la plus pure.

L'INFINI. — IDÉE NÉCESSAIRE.

Quand M. Pasteur fut élu membre de l'Académie française, il fit un discours de réception mémorable et d'une très haute portée. — Pour beaucoup de philosophes matérialistes présents, cela dut paraître l'effet d'une douce illusion, ou le récit d'un beau rêve.

Le récipiendaire se posait en défenseur déterminé des doctrines spiritualistes et de la croyance en Dieu. Cette croyance, il la basait sur un argument peut-être nouveau, mais singulièrement convaincant. Suivant les traces de Max Müller (1), qui faisait tant de cas de la notion de l'Infini, considérée comme base naturelle de la foi religieuse, M. Pasteur essayait d'arriver à cette notion par la contemplation de l'espace sans limites, et qui ne peut en avoir ; impossibilité dont on est forcé de convenir, mais qui échappe à l'appréciation des sens et à l'imagination. S'adressant aux philosophes et leur désignant les mondes de l'espace, l'orateur s'écriait :

« Qu'y-a-t-il au-delà de cette voûte étoilée ? D'autres cieux étoilés. — C'est bien, mais après ? L'esprit hu-

_____

(1) Hibbert, *Lectures.*

main, dans son insatiable curiosité, ne cessera jamais
de demander : et après ?..... Il est inutile de répondre : ce sont des espaces, des durées, des grandeurs
sans fin. — Personne n'entend les mots. Celui qui
proclame l'existence de l'Infini — et nul n'échappe à
cette idée nécessaire — fait une affirmation qui contient plus de surnaturel que tous les miracles des
religions ; car la notion de l'Infini a ce double caractère, d'être à la fois irrésistible et incompréhensible.
Et quand l'esprit est saisi de cette idée, il n'y a plus
qu'à plier les genoux. En ce moment suprême toutes
les sources de la vie intellectuelle débordent, on se
sent près d'être envahi par la sublime folie de Pascal.
L'idée de Dieu est une forme de l'idée de l'Infini. Aussi
longtemps que ce mystère pèsera sur l'esprit de l'homme, des temples seront élevés pour y adorer l'Infini,
Dieu s'appelât-il Brahma, Allah, Jéhovah ou Jésus. »

Il est intéressant de noter combien fréquemment la
même pensée se rencontre chez les prophètes et les
poètes de l'Ancien Testament. L'un d'eux entrevoit
même cette vérité, que la grandeur des cieux réduit à
un point imperceptible la petitesse de l'homme. —
« Quand je considère vos cieux, qui sont les ouvrages de vos doigts ; la lune et les étoiles que vous avez
créées.

« Qu'est-ce que l'homme pour que vous vous sou-
veniez de lui, ou le fils de l'homme pour que vous le
visitiez ? » (Ps. VIII).

Un autre s'écrie : « A qui m'avez-vous fait ressem-
bler, à qui m'avez-vous égalé ? dit le Saint.

« Levez les yeux en haut et considérez qui a créé les cieux ; qui fait sortir sous ses ordres l'armée nombreuse des étoiles et qui les appelle toutes par leur nom, sans qu'une seule manque, tant Il excelle en grandeur et en puissance. »

Pourtant les cieux connus des prophètes et des poëtes d'Israël, n'étaient rien comparés aux cieux que nous connaissons ; ils voyaient des lumières dans ce que nous savons être des mondes ; les systèmes stellaires leur paraissaient des amas de lampes suspendues : ils prenaient pour un peu de vapeur grisâtre l'aspect de millions de mondes bien plus vastes que le nôtre. « Nous regardons dans le télescope, dit un astronome, et la grande Voie Lactée est devant nous, comme un monde lumineux, d'une grandeur bien ausus de notre intelligence. Nous haussons l'instrument d'un cran, et cette Voie se scinde ; en bas, dans l'éloignement, une autre Voie Lactée apparaît, encerclant l'immensité des cieux ; puis une autre encore, allant de firmament à firmament, de monde à monde, du centre à la circonférence, et toujours, toujours, jusqu'à ce que les investigations, la Science, l'Art et le génie mécanique du cerveau humain aient démontré que cette planète sur laquelle nous vivons n'est qu'un atome, un ciron, en comparaison du vaste Univers ; que notre Soleil est seulement le centre de notre système solaire ; que les soleils diffèrent des soleils par leur grandeur, que les systèmes varient par leur forme, qu'une étoile n'a pas le même éclat qu'une autre étoile ; tous déployant une magnificence inconnue

1.

des âges précédents, démontrant ainsi la grandeur de la vie, manifestant ce pouvoir omnipotent qui existe en chaque chose, qui existe partout. »

Les Hébreux, bien que ne connaissant pas le Ciel aussi bien que nous, avaient cependant un sens très vif de ce que la majesté, la beauté et la grandeur du firmament suggéraient de l'Infini. Il semblerait que là-dessus eût été basée, au temps de leur plus grande ferveur, leur foi en Jéhovah, le grand Dieu invisible, qu'ils se plaisaient à opposer aux idoles, « choses de néant », objets de leur plus grand mépris. Isaïe, dans le chapitre précédemment cité, se moque de l'idolâtre qui fabrique une image taillée, la dresse avec l'équerre et la décore ; il raille celui qui, étant pauvre, découpe son Dieu dans le tronc d'un arbre. Les psalmistes aiment à faire ressortir le néant de l'idolâtrie ; ils s'écrient, pleins de dédain et de zèle religieux, : « Les dieux des nations ne sont rien — Mais le Seigneur a créé les Cieux ». C'est dire : les idoles sont terrestres, Dieu est d'en-haut ; les idoles sont inertes, Dieu agit et crée des mondes ; elles sont faites de main humaine, Il est l'Ouvrier suprême de tout ce qui existe ; elles sont sans âme, mais Lui, il est l'Ame Universelle, l'Esprit divin qui habite au-dessus du glorieux, du puissant, du magnifique firmament.

Les considérations que nous venons d'exposer sont très différentes de l'argument de Paley ; l'idée est ici bien plus profonde, elle se rattache de la manière la plus intime à notre nature intellectuelle. C'est l'idée que nous sommes portés, par un irrésistible besoin de l'esprit, vers l'Infini, l'illimité, l'inconnu. Il nous est impossible, en vérité, de concevoir des bornes définitives au temps ou à l'espace, car toujours, derrière elles, on imaginera d'autres durées, d'autres espaces. Force est de se réfugier dans l'Infini, ou de risquer de perdre la raison, en essayant en vain de poser, par la pensée, un terme à l'espace et au temps.

L'Infini nous conduit alors aux confins d'une région intellectuelle, où les facultés du cerveau humain cessent leurs fonctions, où l'Intelligence qui y règne doit être devinée par induction. Cet Infini avec son Intelligence qui n'est en rien semblable à la nôtre nous l'appelons : Dieu. A ce sujet, un philosophe aussi peu sentimental, aussi peu spiritualiste que Herbert Spencer, est conduit à s'exprimer ainsi :

« Le savant sincère, qui se contente de se rendre à l'évidence, et d'en accepter les conséquences, demeure plus profondément convaincu, à chaque nouvelle enquête, que l'Univers est un problème insoluble. Soit dans le monde extérieur, ou le monde intérieur, il ne voit partout que des changements perpétuels, dont il ne saurait découvrir le commencement ou la fin.

« Si, laissant de côté la succession des phénomènes, il essaie de découvrir leur caractère essentiel, là il est également déçu. Quoiqu'il réussisse à convertir toutes les propriétés des corps en manifestations de force, il lui est impossible de reconnaître quel genre de force est en jeu. Plus il essaie d'y penser, au contraire, et plus la solution s'éloigne. De même, quand il a reconnu par l'analyse des opérations mentales, que les sensations sont les matériaux de toutes nos pensées, le savant n'en est pas plus avancé pour cela : car il ne comprend aucunement la sensation; il ne peut même concevoir comment elle est possible. Il découvre ainsi que toutes les choses, soit intérieures, soit extérieures, échappent à notre connaissance quant à leur genèse et à leur nature,..... Dans toutes les directions où son examen s'applique, il se trouve en face de l'inconnaissable ; et il sent, de plus en plus, que ces choses sont inconnaissables. Il apprend à la fois la grandeur et la petitesse de l'intellect humain, son pouvoir quand il s'agit de ce qui entre dans le champ de l'expérience, son impuissance à l'égard de ce qui est au-delà. L'homme de science sent, plus vivement que tout autre, combien le moindre fait est incompréhensible, considéré en lui-même : lui seul *voit* avec toute évidence que l'esprit humain ne peut atteindre l'absolu, lui seul *sait* qu'au-dessous de tout ce qui existe, il y a pour nous un impénétrable mystère. »

Pour quelques-uns, cela peut paraître bien décourageant. On nous transporte ainsi jusqu'au bord de l'Infini, puis on nous dit que les facultés humaines ne sont plus aptes à nous conduire — que la vaste région au-delà est entièrement inconnaissable : et cette région renferme toutes les sources de l'être ! Une pareille considération est-elle faite pour anéantir la foi, ou même l'ébranler ? Je ne le crois pas : mais elle devrait anéantir l'incrédulité : elle rend l'incrédulité absurde, parce qu'elle suggère des possibilités sans bornes et, logiquement, conduit à des espoirs illimités. Elle fournit un des plus sérieux motifs pour la foi, et nous force de recourir à l'induction, de faire appel à l'idéal : l'un et l'autre dépassent la portée des sens, et appartiennent à la sphère spirituelle, qui est celle de l'Infini.

Une grave question se présente. Est-il possible, est-il raisonnable d'établir la foi religieuse sur la croyance en l'inconnu ? Cette question devient très pressante ; de la réponse qui y sera donnée dépend la Religion de l'avenir, — peut-être l'existence même de tout ce qui touche au sentiment religieux.

Le livre sur la « Religion Naturelle » par l'auteur d' « Ecce Homo », répond en partie à cette question. Mais l'argument le plus fort qui s'y trouve ne vient pas du raisonnement, il est fourni par les instincts et les affinités de l'esprit, par la faculté de s'élever vers l'idéal, sur les ailes de l'enthousiasme sacré et de l'espérance, par le sentiment de notre dépendance, plus profond à mesure que nous développons en nous la spiritualité, que nous élargissons le cercle de notre pensée, fut-ce seulement par des aperçus comme ceux que M. Spencer nous fournit. L'adoration devient alors comme la respiration de l'âme ; le respect religieux devient comme la confiance filiale envers Notre Père d'en-haut ; et l'instinct de l'idéal (aussi réel et sûr que les sens physiques, et même davantage) devient une clairvoyance pour les choses de l'esprit, tandis que la soumission, la loyauté, l'attachement au devoir conduisent naturellement à l'adoration et au culte, qui sont alors le témoignage librement rendu, l'hommage de l'homme envers l'Infini.

Ainsi nous voyons que le mystère de Dieu et le mystère de l'Infini ne font qu'un ; et l'Infini n'est que l'*Illimitable*, un mystère encore, mais non plus grand que le mystère de l'homme, capable de s'appliquer à méditer sur l'Infini. — Le mystère de la pensée n'est pas, en réalité, plus impénétrable que celui de la sensation et nous voilà, de tous côtés, environnés par le mystère ; mais la conscience et la pensée nous forcent, à chaque instant, à croire à leur témoignage, en des choses pourtant inintelligibles — Et faisant cela pour nous à l'égard du monde extérieur et de l'homme, la conscience et la pensée ne peuvent-elles, accompagnées du sens idéal, nous aider à croire, sans comprendre, à Dieu et au monde invisible ?

Qu'importe alors que je ne puisse voir ni toucher mon Dieu — qu'Il appartienne à cette région de l'Infini où la froide philosophie elle-même me conduit ; que par induction je dois connaître comme réelle, mais sévèrement défendue pour moi ? Qu'importe si j'ignore si le fini et l'infini peuvent se rencontrer et se pénétrer, palpiter ou résonner à l'unisson l'un de l'autre ? Est-ce parce que l'Infini est une contrée inconnue, inaccessible à mes sens, à mes facultés, à tous les calculs et expériences, que je dois ne pas m'en soucier, n'y élever jamais ma pensée, mépriser ce qui peut venir de là ? Cette conduite serait de la dernière déraison. Car on voit la meilleure part de nous-mêmes persister, s'épurer encore plus dans nos rapports avec cet Infini, quand nous lui adressons nos prières, nos cantiques, nos plus ferventes aspirations. On voit le meilleur de notre être persister et s'anoblir par la pensée (conforme aux enseignements de la Science et de la philosophie) que cette région de l'Infini, incompréhensible pour nous, est pourtant la région

des causes et, pour ainsi dire, le réservoir de la Vie.
Pourquoi refuserions-nous ses dons, et ne laisserions
nous pas notre imagination chercher le chemin vers
Lui ? L'intuition pourrait être de secours ici, où l'en-
tendement ne peut rien—et l'instinct de l'esprit pourrait
suffire, quand nos sens ne nous sont d'aucun usage.

Il est consolant de savoir que de telles pensées, de
si douces espérances ne sont pas nouvelles : elles sont
de tous temps et de tous pays, sur elles sont établies
toutes les religions du monde : et les religions sont ce
qui nous émeut et nous influence le plus profondément. Elle sont anciennes comme le premier être humain dont les regard furent attirés vers le ciel étoilé,
et qui conçut cette magnifique pensée :

L'Infini est le Créateur de ces choses, ou il en est
l'Ame.

Carlyle a dit ces paroles :

« Une de ces dernières nuits, je sortis passé minuit et
regardant les étoiles, brillantes et innombrables, je fus
saisi d'un sentiment étrange et nouveau. Avant peu
j'aurai vu cela aussi pour la dernière fois. Le théâtre
où Dieu Tout Puissant déploie son immensité, l'Infini rendu visible et palpable pour moi, cela aussi,
je dois le quitter, et ne le verrai plus jamais. Le sentiment de cette éternelle privation, quoique peu de
chose en comparaison d'autres regrets, m'était cependant triste et pénible. Mais une réflexion s'éleva en
moi : qui sait si la Puissance Souveraine, qui a mis
dans mon cœur les respectueuses adorations, ces tendresses infinies, n'a pas voulu nous faire entendre
ces mots consolants :

«Pauvres mortels que vous êtes, ceux que vous avez perdus, je permettrai qu'ils ne s'éloignent pas de vous pour toujours. Espérez, ne pleurez plus ! La volonté de Dieu, la volonté de Dieu seulement sera faite, non la nôtre.»

Oui, tout est là. Soyez pénétré de votre faiblesse, de votre insignifiance absolue en présence de mondes si vastes et si magnifiques, et ne cessez pas d'espérer. Celui qui est l'âme universelle prendra soin de chaque chose. — Il est toujours présent et pensant à tout. — Sa volonté sera faite!

LE DIEU CACHÉ.

Le cri le plus émouvant, peut-être, qui ait été jeté de la terre vers le Ciel est celui du poète Hébreu :

« Jusqu'à quand, Seigneur, détournerez-vous toujours de moi votre face ? » (Ps. XII). C'est le cri incessant de la Terre ; le beau monde divin semble si rempli de promesses ; on sent si proches les temps annoncés, la gloire d'un nouveau Ciel et d'une nouvelle Terre ! D'un autre côté, le mal est si fort, les misères de la pauvre humanité sont si accablantes, que des cœurs oppressés s'échappe involontairement ce cri : « Jusqu'à quand, Seigneur, demeurerez-vous caché toujours ? »

Cette angoisse qu'exprimait le psalmiste, des milliers d'hommes l'ont ressentie ; Saint-Paul traduisait le même sentiment lorsqu'il disait : « Toutes les créatures attendent avec un grand désir la manifestation des enfants de Dieu..... Car nous savons que jusqu'à présent toute créature soupire et est dans le travail de l'enfantement. » La Science moderne connaît aussi cette vérité ; elle nous montre la vision prophétique d'une Nature Universelle, féconde dans la douleur, peinant et gémissant, mais se réjouissant à chacun

de ses nouveaux et glorieux ouvrages, qu'elle produit sans discontinuer, et sous nos yeux.

Nous nous trompons en ne voyant pas que ce monde a toujours été, et qu'il est encore un monde de souffrances, mitigées par bien des soulagements et des compensations, mais souffrances réelles néanmoins. L'histoire de chaque nation est un effroyable récit de collisions et de douleurs, égalant presque en horreur les combats des monstres antédiluviens, ou ceux des humanités primitives — plus affreux même à certains égards, et plus attristants lorsqu'il s'agit de nations civilisées. Je crois que rien n'a plus contribué à ébranler les âmes droites, aimantes et de bonne volonté, que la connaissance de ces choses. Et, depuis le pauvre Vendredi qui demandait à Robinson Crusoé « pourquoi Dieu ne tuait pas le Diable ? » ; jusqu'à Robert Buchanan lançant son apostrophe à Dieu : « Qui te jugera, *Toi*, au jour du jugement ? » des milliers et des milliers d'êtres humains ont répété ce cri : « Jusqu'à quand, Seigneur, demeurerez-vous caché toujours ? »

Que les voies de la Nature semblent monotones ! Combien les changements et les améliorations sont lents à venir ! Les jours les plus courts de l'hiver passent, mais les heures mornes et interminables, les nuages sombres font pendant bien des jours que l'on ne voit pas de différence ! Il en est ainsi dans l'histoire de l'humanité. Les grandes réformes avortent, les réformateurs puissants sont suivis par des sectaires étroits ; et la rénovation que l'on attendait est encore différée. Cromwell a pour successeur Charles II.

L'héroïsme de nos plus grands hommes a pour résultat une statue de pierre ou une tablette de bronze. Jésus meurt sur une Croix, et après lui viennent les âges de ténèbres—toujours, les âmes anxieuses sont dans l'attente et soupirent : « Jusqu'à quand, Oh ! jusqu'à quand, Seigneur ! »

Tant que le monde fut attaché à la vieille et puérile croyance, qui faisait de Dieu un homme magnifié, exerçant sa volonté suprême par toutes sortes de moyens surnaturels, la question de l'humanité demeura sans réponse. Pouvait-il en être autrement? Nous faisons des efforts maintenant pour qu'une réponse arrive à être donnée. La personnalité divine n'est plus ce qu'elle était autrefois. Elle est puissamment réelle, mais entièrement différente de ce qui est contenu sous la définition et dans les limites de la personne humaine. Nous reconnaissons, pour la première fois, un Dieu infini, omniprésent, qui n'est ni lié, ni borné comme nous le sommes. Il est esprit. Il est partout. Il n'eut jamais de « peuple choisi » et n'habita de tabernacle nulle part. Il s'est manifesté dans l'histoire des anciens peuples de l'Égypte et de la Perse, de la Grèce et de Rome, aussi bien qu'en Judée, et les nations modernes ont en Lui « la vie, le mouvement et l'Être ». Il est le maître de la nature, qui fait pousser le grain de blé et briller le ver luisant; Il est le Centre, l'âme du mystérieux Univers, et des myriades d'existences, aux formes infiniment variées, composant cet univers. Certes, le mystère du joli lampyre, allumé dans l'herbe, n'est pas moindre que les autres mystères, le système solaire, la Voie

Lactée, l'ensemble harmonieux des mondes — ou bien encore, la vie de l'esprit dans l'invisible, la nature de Dieu. C'est notre condition bornée qui, seule, fait pour nous la différence du grand et du petit. La croissance d'une spore est aussi admirable, aussi digne de Dieu que l'évolution d'une planète — la goutte de rosée est aussi inexplicable et divine qu'un vaste Océan — si Dieu est, selon toute la signification du terme, omniprésent, il est dans la goutte d'eau aussi bien que dans l'Océan.

Nous avons, en vérité, besoin d'un grand effort pour nous débarrasser de cette fausse conception d'un Dieu présent en tel endroit particulier. Nous disons qu'il réside dans le Ciel. Qu'est-ce à dire ? N'est-il pas en tous lieux ? Et n'est-il pas aussi réellement dans nos champs de blé que dans les rues pompeuses de la Nouvelle Jérusalem ? Quoiqu'il en soit de cette superbe et touchante peinture de la future Jérusalem du Livre de la Révélation, tout étincelante de joyaux et d'or pur, nous jouissons aussi bien de la présence divine, au milieu de nos moissons dorées, qu'il sera donné d'en jouir, dans cette terre de joie et de splendeur. Dans un joli coin rustique de l'Angleterre, Dieu habite aussi réellement qu'il habitera la Ville de la Nouvelle-Alliance !

On nous dit, Dieu descend, par miracle, dans le pain que le prêtre consacre à l'autel, mais n'est-il pas aussi réellement dans le pain qu'un brave homme a gagné, et qu'il dépose sur la table pour sa nourriture et celle de sa famille ?

Oui, certes ! Dieu ne peut être conçu à part des

choses qui existent, et c'est de sa vie divine qu'elles tirent leur existence. La nature inanimée, aussi bien que l'homme, a en Lui le principe de son être.

Si nous comprenons bien cela, nous verrons qu'il n'y a en réalité ni défaillances, ni moments d'arrêt dans la Création. Imaginez le procédé d'instruction d'un enfant : par la petite porte basse de l'alphabet, lentement, souvent avec peine, il lui faut entrer dans le sanctuaire des lettres, s'élever jusqu'à Shakespeare, Tennyson, et les grands génies du monde. De même se fait l'avancement de l'humanité. Mais nous, aveugles et sans patience, nous ne cessons de jeter le cri : « Combien de temps, Seigneur, combien de temps ? » Les choses, elles-mêmes, semblent soupirer et répéter les mêmes paroles. « Et, jusqu'à présent, toute créature soupire et est dans le travail de l'enfantement. » Songeons seulement à la véritable création de l'homme, non par magie, au sein d'un Paradis, mais par un million de degrés, d'efforts et de combats, pendant des siècles sans nombre, du protoplasme à l'animal, de l'animal à l'homme. Quelle histoire émouvante !

Dieu a mis des millions d'années pour former l'homme. S'est-il interrompu dans son œuvre ? Pas une heure. Il a fallu, pour cette noble création, traverser toute la série ascendante des êtres vivants ; et Dieu était à chaque échelon, et à ses yeux : « Un jour est comme mille ans, et mille ans sont comme un jour ». On peut dire que sa présence divine est manifeste partout — dans le ver aussi bien que dans l'homme. La statue qui est cachée dans le bloc de marbre peut être conçue, comme existant actuellement, il ne faut que la main du sculpteur pour la mettre au jour. Écoutons-la soupirer dans l'attente, tandis que les jours et les semaines s'écoulent : « Jusqu'à quand, jusqu'à quand, ô Maître ? » Mais chaque regard de l'artiste, chaque coup de ciseau avance l'œuvre, aidant à délivrer la noble effigie. Au lieu d'une statue, façonnée de main humaine, imaginons un monde, évoluant en vertu d'un principe interne. Prenons l'exemple de l'arbre, renfermé d'abord dans le petit gland, et dont la croissance atteint, en 200 ans, à la taille du roi des forêts. Ou bien considérons le joli petit œuf d'alouette. Brisons sa frêle et gracieuse coquille, que trouvons-nous de ressemblant à la chanson de l'oiseau ? Examinons-le, analysons-le par tous les moyens de la Science ; jamais nous n'y découvrirons le secret cherché. Il faut que le charmant oiseau naisse de cette chose informe qui est dans l'œuf, pour pouvoir monter en chantant dans l'azur céleste. Mais maintenant, vous portez à votre oreille la coquille délicate et chaude, vous écoutez en vain. Et pourtant la voix est là-dedans en germe, soupirant, disant à sa façon « jusqu'à quand ? »

Tout cela nous paraît bien long, parce que notre petit chronomètre ne marche pas d'accord avec l'horloge de l'Eternel. Sachons pourtant qu'il n'y a pas un moment de perdu, pas une parcelle de temps privée de la présence et de l'activité divines. Pour transformer l'œuf en alouette, il y faut quelques jours ; créer un monde, faire évoluer une race humaine demandent davantage, et il faut plus de temps encore

pour débarrasser l'homme des survivances de l'animal, pour lui faire sentir qu'il est fils du glorieux
Roi, pour le revêtir de la nature spirituelle et en faire
un ange. Mais toutes ces choses s'accompliront.

On pourrait demander : pourquoi tant de délais ?
Chaque fois que cette objection est posée, c'est une
preuve que nous nous en tenons trop encore à l'ancienne notion de la divinité. Même dans cet ordre
d'idées bien étroit, il y a cependant place pour la réponse suivante : Dieu a voulu créer des êtres humains,
non des automates bien agencés. Par l'effet d'un puissant mécanisme, l'homme aurait pu être parfait dès
la première heure, sans être sujet à aucun écart ; cela
équivalait à la construction d'une excellente horloge ;
mais notre Père céleste ne se souciait pas de faire un
tel ouvrage, il voulait faire une race humaine — et
une race humaine susceptible d'expérience, d'abné-
gation, de commandement de soi, de sympathie,
d'amour, d'espérance, de crainte, d'aspirations élevées
ne pouvait, semble-t-il, être créée que par un seul
moyen, celui que nous connaissons. L'évolution
donne l'explication de tout ; l'intervention du miracle défait tout, au contraire. Le Tout-Puissant lui-
même ne saurait faire que le produit de 2 par 3 soit
égal à 7. De même, il serait impossible de former une
race humaine en dehors des procédés pouvant seuls
lui procurer son développement.

Du reste, l'explication complète ne sera jamais donnée ici-bas, quelque belles et ingénieuses que soient
les religions. Le pèlerinage de l'homme est en train
de s'accomplir, l'histoire ne peut en être écrite en-

core; de plus elle ne sera jamais écrite en entier sur cette terre, parce qu'elle ne se termine pas ici. Un écrivain, qui était un profond penseur, appelait le monde invisible « le monde où tout se révèle ». C'est une pensée délicieuse, très-raisonnable aussi ; car si nous avançons, comme des voyageurs, n'est-il pas logique de croire que le progrès, loi de notre existence en ce monde, est également la loi dans le monde d'après, et à un plus haut degré encore ? Prenons patience, rappelons-nous combien les grandes et fécondes opérations de la Nature, et les longues périodes de temps qu'elles embrassent, contrastent avec la brièveté des instants composant la vie humaine. La patience est vraiment, au temps actuel, ce qui fait surtout défaut. L'éducation moderne, en développant l'énergie des caractères, fait du bien à beaucoup d'égards, mais peut avoir aussi quelques inconvénients ; la magnifique culture individuelle, signe de progrès chez l'homme, peut facilement l'égarer sur certains sujets. Les esprits du xixe siècle ont accompli des merveilles, mais ils manquent de docilité ; ils sont impatients, curieux, inquiets, intolérants dans leurs opinions. Ils appellent en jugement Dieu lui-même ; et la grâce, les douces croyances de jadis sont en danger devant la poussée du positivisme et le heurt des individualités. Les esprits tendres et religieux eux-mêmes, prennent un ton tout nouveau de récrimination pour s'adresser à Dieu: « Jusqu'à quand, Seigneur, détournerez-vous toujours de moi votre face » ¿ Heureux ceux qui peuvent dire :

Mon Dieu, ce n'est pas l'incroyance
Qui me fait dire « jusqu'à quand ? »
Ni la triste désespérance
Qui me fait suspendre mon chant;
Ce n'est pas parce que j'accuse
Le Bien, le Vrai de n'être pas,
Ni que je sois lâche et refuse
Ma part de douleur ici-bas.

Est-il possible que je voie
Seulement, l'espoir radieux
De votre beau Ciel, dont la joie
Est d'avance devant mes yeux,
Pour désirer que le jour vienne ?
Jour qui sera, pour l'exilé,
Le dimanche après la semaine,
Au bout des ans, le Jubilé.

Que la foi, non l'inquiétude
Nous fasse dire : « jusqu'à quand ? »
Ne laissons pas, par lassitude,
Languir notre marche en avant.
Le règne vient de la justice,
Le Vrai se lève à l'horizon,
La nuit de l'erreur et du vice
S'éloigne de notre raison.

Et cela est notre grande consolation. Dieu est caché, mais n'est jamais absent, jamais distrait, jamais inactif. Il est le Pouvoir Central reliant ensemble toutes les forces de l'Univers. Il est la vie du lys, du brin d'herbe, aussi bien que celle de l'ange. Il est à la fois ce qui opère et ce qui est produit, le germe et le fruit, le commencement et la fin. Il est la force agissant quand nous nous reposons, la loi de nature qui est sage alors que nous sommes ignorants, le Tout-Puissant qui arrivera sûrement à des fins, même quand il paraît errer. Il est l'Auteur de la vie, qui prévoit et sait toutes choses, tandis que nous sommes incapables de comprendre. Il est l'Ordre immuable qui fera briller, à la fin des temps, la

Consommation lointaine et divine
Vers laquelle tout marche et s'achemine.

LE VÉRITABLE ATHÉE.

On entend répéter partout que l'athéisme est en
progrès ; des efforts énergiques sont faits pour arrêter
« le flot de l'incrédulité ». Qu'est-ce donc, en réalité,
que l'athéisme ?

Il y en a principalement deux espèces : 1° l'a-
théisme proprement dit, acte de la raison qui nie Dieu ;
2° l'athéisme, plus répandu à notre époque, consis-
tant dans l'indifférence, l'absence des sentiments, des
pensées et des actions regardés avec raison comme
devant être associés à la foi en Dieu.

Que la première forme d'athéisme prenne de l'ac-
croissement, cela paraît assez probable. Des circonstances variées ont produit ce résultat. La pensée s'est
considérablement affranchie ; la Science a bouleversé
tous les genres de théologies ; l'Église est restée en
arrière de la marche du monde ; les nécessités et les
intérêts matériels, plus pressants, le *machinisme* ont
accoutumé l'esprit moderne à compter avec des forces
et des lois, là où précédemment l'on voyait l'exercice
d'une volonté capricieuse ; par dessus tout, les idées
basses et peu sensées de l'Église concernant Dieu, ont
dégoûté les esprits de notre siècle et les ont détachés

des anciennes croyances. D'un autre côté, il y a souvent beaucoup de sécheresse de cœur et d'étroitesse d'esprit parmi ceux qui professent de croire en Dieu, et leur foi, adoptée sans réflexion, ne produit aucun bon résultat intellectuel ni moral.

Chose digne de remarque, l'incrédulité raisonnée est souvent coexistante avec une pensée ardente, avec la passion d'un chercheur, disons-le même, avec un beau sentiment religieux, qui en sont la cause ou qui l'accompagnent. Tandis que, trop souvent, ce qui passe pour religion se manifeste par l'intolérance, le dogmatisme et le manque de charité, les hommes de science qui doutent de Dieu ou abandonnent la foi, paraissent souvent occuper un plan intellectuel plus haut que les bigots qui, les damnent, au nom du Père. Ceci est un signe des temps qu'il convient de prendre en considération.

Nous pensons prouver, dans ce chapitre, que l'athéisme est moins une opinion qu'une disposition d'esprit, ayant peu ou pas de rapport avec l'opinion. « Être sans Dieu » veut dire assurément, vivre sans les idées, les sentiments et les tendances naturellement associés avec la foi en Dieu, mais qui peuvent se trouver aussi sans liaison apparente avec cette foi. L'homme vraiment athée est celui qui porte une âme insensible et dure, asservie aux choses matérielles. S'il ne se trompe pas, au point de vue spéculatif, l'impulsion spirituelle, lui fait défaut. Donc, le prêtre à l'autel, lui-même, qui dit son *credo* et qui, sans hésiter, damne ses frères, parce qu'ils sont incrédules, peut être un complet athée, aussi bien qu'il est un dévot borné, dont le cœur aride est étranger à l'amour de l'humanité, la grande, la vraie famille de Dieu. Au contraire l'homme qu'il condamne, indifférent peut-être à tout sujet religieux, qui, même, ne croit pas en Dieu, pourrait être, à cause de sa loyale observation des faits et de la vie, de la pureté de ses motifs, de son amour pour la vérité, un déiste sincère et un dévoué serviteur des intentions divines.

Qu'importe ce que je pense quand le sentiment est droit ? La chose essentielle est ce que j'écris sur la page de ma vie, non le titre ou la dédicace. Mes pensées sont insignifiantes si elles ne sont suivies d'action ; mes prières, elles-mêmes, ne sont rien, séparées de la pratique, et le nom de Dieu, que mes lèvres prononcent dans une église, pourrait être ce saint nom pris en vain, quand il ne s'y joindrait pas le péché d'hypocrisie.

Nous cataloguons les hommes suivant les confessions et les croyances, mais les démarcations divines ne coïncident pas avec les nôtres, et les brebis du Seigneur, les boucs réprouvés ne sont pas à la place où nous les croyons. Il y a plus ; l'athéisme peut provenir du pur sentiment religieux, de la révolte d'un adorateur du beau et du bien contre les hideuses idoles de la Caverne. Que connaît-on, en effet, de Dieu, excepté l'ordre magnifique, inaltérable, varié et harmonieux de son Univers ? Nous voyons seulement ses ouvrages. Et si les hommes lui attribuent des choses laides et viles, il y en aura, parmi ceux qui aiment le mieux la Beauté, la Durée, la Force, l'Harmonie, qui seront conduits à nier un tel Dieu, mais ils seront de bonne foi dans leur incrédulité.

2.

Ils voient partout la « Lumière qui luit dans les
ténèbres», la vie universelle qui met une étincelle en
chaque atôme, ils sont témoins de l'étonnante persévérance de la Nature, si étrangement ressemblante
à de la volonté raisonnée. Ils ne veulent y reconnaître que le mystère de la Matière, non celui de Dieu.
Soit ; mais ils voient de Dieu ce que chacun de nous
peut vraisemblablement en voir, ni plus ni moins ; et
s'ils n'aperçoivent pas trace d'esprit, de volonté, d'intention divines, de Providence travaillant pour le Bien
et le Juste, c'est un malheur, ce n'est pas réellement
la privation de Dieu. Ainsi donc la foi en la Divinité
peut prendre les formes suivantes ; elle peut exister
simplement comme respect envers ce qui est au-dessus de tout, admiration de la suprême Beauté, confiance en ce qu'il y a de plus stable, soumission aux
lois les plus harmonieuses, espoir de ce qui est le plus
doux, dévouement au bien idéal.

Respect envers ce qui est au-dessus de tout.

Il est clair que le doute, la négation même, concernant Dieu peut avoir ses racines dans ce sentiment
salutaire. L'homme de la nature, peu civilisé, croit
en la divinité d'autant plus facilement, que la conception qu'il s'en fait est plus humaine, plus bornée,
plus terrestre. A ce premier âge religieux, la difficulté
n'est pas de croire, mais de restreindre le nombre des
fétiches. Les dieux menacent d'être aussi nombreux que
les dévots, et ne sont souvent ni meilleurs, ni plus
sages.

A mesure que les connaissances s'étendent, que
l'Univers révèle ses véritables proportions, les ancien-

nes divinités semblent plus vaines et mensongères, et tendent à disparaître. Si un homme, alors, plus sage et plus courageux que la foule, se trouve le contemporain de cette décadence rapide ; s'il voit la religion se changer en superstition, la foi dégrader l'intelligence, de quelle nature sera son incrédulité ? Il sera certainement déiste plus convaincu que ses frères, dans le sens où l'entendait Dean Milman dans son « Histoire de l'Église Latine » ; « les premiers chrétiens dit-il, étaient taxés d'athéisme ; c'est une accusation à laquelle ont été exposés, de tout temps, ceux qui étaient supérieurs aux notions religieuses de leur époque ».

C'est ce qui a lieu de nos jours. Les mesquines conceptions théologiques du passé sont usées, la décomposition a lieu rapidement ; inévitablement, ceux à qui ne suffisent plus les vieilles croyances seront qualifiés d'athées par les derniers adhérents de ces dogmes, qui s'en contentent parce qu'elles sont à leur niveau. M. Huxley et M. Tyndall, par exemple, se mirent en conflit avec l'Église seulement à cause de ce qu'il y a en elle de puérilités d'un autre temps ; des incrédules militants eux-mêmes, comme le colonel Ingersoll et Charles Bradlaugh, étaient poussés au combat, quoique à leur insu, par des sentiments déistes. C'est bien réellement le respect pour ce qu'il y a de plus élevé qui force de tels hommes à lever leur tente, et à quitter l'ancien campement, une foi ne répondant plus à leur idéal.

Ainsi, dans un siècle donné, et dans certaines circonstances, un religieux respect peut faire d'un homme un saint, en d'autres temps et d'autres circons-

tances, le même sentiment fera de lui un révolté, un
briseur d'images. Mais de façon ou d'autre, en révé-
rant ce qu'il y a de plus élevé, il sera, et sans le savoir
peut-être, un esprit qui cherche Dieu.

Admiration pour la suprême Beauté.

On peut dire de même de *l'admiration pour la
suprême Beauté*. L'idée de Dieu a souvent été asso-
ciée avec tout autre chose que le Beau : et, en son nom,
les plus laides passions ont été flattées, les faits les
plus noirs ont été accomplis. Même de nos jours, nombre de gens, qui accablent de leur haine un athée,
trouvent leur religion tout à fait compatible avec un
genre de vie méprisable ; tandis qu'il en est d'autres
qui, ne se sentant pas le besoin de croire en Dieu,
ont de l'éloignement pour toute bassesse, l'amour le
plus pur de ce qui est beau. Le sentiment de la beauté
n'est pas seulement suggestif du sentiment religieux,
il nous conduit directement à Dieu. L'enthousiasme
du Beau, de même que la révérence envers ce qui est
le plus élevé, soulèvent l'âme qui les éprouve vers
de plus hauts et de plus purs sommets. Et si, en présence de la beauté physique ou morale — devant la si-
lencieuse magnificence des montagnes, des prairies,
de la mer ou du ciel, ou devant les plus touchantes
manifestations de l'intelligence, de la passion ou de la
tendresse humaines, si le cœur bat délicieusement,
si l'œil se repose charmé, l'émotion qui naît alors
rattache nécessairement à la Divinité l'âme du spectateur sensible, non qu'il imagine au-dessus des bril-

lants nuages quelque Dieu anthropomorphe, un bras
divin derrière les puissantes forces ; non qu'il attribue
toute cette beauté à une intention providentielle, à
un bienfaisant Amour. N'importe, si le pur sentiment
d'admiration existe il nous élève vers Dieu, et nous
permet de le toucher, à travers les ténèbres de notre
cécité. Au contraire, si, nous glorifiant de notre foi
religieuse, et anathématisant ceux qui ne la partagent
pas, nous demeurons insensibles devant les grâces
infinies de la Nature, si l'argent, la sensualité,
les misérables plaisirs que la richesse peut acheter
nous suffisent, nous pouvons être réellement plus
loin de Dieu que l'athée, objet de notre mépris.

La confiance en ce qui est le plus stable.

La confiance en ce qui est le plus stable est une
autre condition du même genre. Ce que l'on nomme
confiance en Dieu n'est pas toujours très louable, elle
est même souvent chimérique ; c'est quand elle
compte sur des miracles, plutôt que sur la fixité des
lois naturelles. Comment sera la véritable confiance
en Dieu ? Saint Paul parle de ceux qui n'ont ni Dieu, ni
espoir sur la terre, il fait ces deux choses corrélatives.
Mais si Dieu n'est pour nous que celui qui s'occupe
de nos affaires et intervient quelquefois pour réparer
nos sottises, notre espérance n'est pas bien pure et
prend un caractère intéressé. Si, au contraire, sans
penser à Dieu, on éprouve une sereine confiance dans
l'harmonie de l'Univers, une persuasion profonde que
la Nature est constante en ses lois, c'est alors l'espérance ferme, tranquille et durable ; c'est, sans que l'on

s'en rende compte, la véritable confiance en Dieu ; que savons-nous de lui, en effet, sinon l'ordre et l'harmonie dont nous venons de parler ? Et de quelle autre manière lui témoigner notre confiance, que de nous reposer sur cet ordre harmonieux, cette stabilité de lois qui régit notre existence et nous rassure sur notre avenir ? Donc, il n'y a pas de réel athéisme où existe cette confiance dans l'ordre puissant de l'Univers. Et qu'importe, alors, que la face divine soit cachée, que la main toute puissante se dérobe, que l'œil toujours ouvert demeure invisible ? La confiance de l'âme dans ce qui est durable et permanent est foi et confiance en Dieu, un abandon bien plus tendre, une foi bien plus noble que celle qui a sans cesse besoin de la présence et du secours d'un Dieu faiseur de miracles.

La soumission aux lois les plus harmonieuses.

La soumission aux lois les plus harmonieuses est un autre signe de réelle foi en Dieu. « Dieu est Amour » dit l'Écriture. — « Dieu est harmonieux » est une autre expression de la même idée. Examinez l'agencement harmonieux des choses; ne cherchez pas à briser ce bel ensemble, obéissez à la Nature, vous serez aussi près de Dieu qu'il est possible à un mortel. Vous dites „Je crois en Dieu", faites donc sa volonté qu'il vous indique par les lois naturelles. Soumettez-vous. A défaut de cette soumission que vous servirait de dire « Je crois » ? Jésus disait « Pourquoi m'appelez-vous Seigneur, Seigneur, si vous ne faites ce que je dis » ? Ainsi le tout-puissant Maître de la Nature vous dira: « Que m'appelez-vous Seigneur et Dieu, pour vivre en désaccord avec le concert de mes œuvres qui vous entoure ? » L'obéissance est donc l'essence du sentiment religieux, et la rébellion, le caractère de l'athéisme. Si vous méconnaissez cette céleste harmonie, et ne vous inclinez pas devant la Loi très-auguste, vous êtes sans Dieu, quoi que vous puissiez dire à ce sujet. Mais si vous entendez et goûtez le bel accord universel, et voulez vous y joindre, vous avez le sentiment religieux, vous appartenez à Dieu, quand vous le renieriez de bouche.

Il en est de même de l'Espérance, avec ses gracieuses promesses. Etre sans Dieu, dit l'Apôtre, c'est être privé d'espérance. Et cela est vrai. Mais sommes-nous « sans Dieu» quand nous envisageons les œuvres charmantes de la Nature, l'universalité et la persistance de ses lois, l'avenir des races et le glorieux progrès, pendant des milliers d'années futures ? Combien n'y a -t-il pas d'hommes qui, bien que doutant de l'existence de Dieu, jouissent d'une pure et profonde satisfaction de cœur, à cause de l'espoir qu'ils puisent dans les gracieuses tendances de la Nature, que l'on voit travailler au développement de la vertu, du bonheur, du progrès! Je ne puis dire que ces hommes soient «sans Dieu » malgré leur incrédulité. J'appellerais plutôt « athées » ceux qui dépeignent Dieu comme un être inintelligent et dur, jaloux de terrasser ses ennemis, vouant aux tourments de l'Enfer des milliers de ses enfants. Voilà ceux qui sont véritablement « sans Dieu », sauf pour eux-mêmes, « les Élus »; ils sont sans espoir en ce monde. Mais les premiers, qui pensent que le bien sortira du

mal à la fin, qui poursuivent leur chemin ave sérénité, confiants dans la Puissance invisible et inconnue
qui a fait le monde ce qu'il est, ceux-là portent vraiment en eux ce qui est l'essence même de toute religion.

Le dévouement au bien idéal.

En dernier lieu, il y a dans le pur déisme *le dévouement au bien idéal*, la consécration au service de
ce qui est le plus parfait ; et partout où cela existe, il
y a foi en Dieu, fût-ce d'une manière inconsciente.
Serait-il « sans Dieu en ce monde », celui qui méprise les basses nécessités de la vie et tend de tout son
cœur et de toutes ses forces vers ce qu'il y a de meilleur, poursuivant un rêve, une aspiration, un idéal,
non dans un but égoïste, mais pour la réalisation du
bien le plus sublime ? Et qu'est-ce, à côté de cela, de
parler dévotement de Dieu, d'employer son nom, de
dire « Je crois », pour avoir en haine l'athée à cause
de son déni de croyance ?

Ainsi, de tous ceux qui révèrent la suprême grandeur, admirent la beauté la plus pure, qui se confient
au pouvoir le plus stable, obéissent aux lois les plus
harmonieuses, espèrent en l'avenir le plus doux, se
dévouent au bien idéal, de tous ceux-là nous pourrons dire :

Au fond du cœur, tout homme croit !
Qui sème une graine et prévoit
Qu'en naîtra la plante future,
Fait ainsi son acte de foi
A l'Ouvrier de la Nature.

Il n'est pas d'athéisme pur.
Lorsque le ciel devient obscur
Le cœur qui se dit : « Patience !
De nouveau brillera l'azur ! »
Se confie à la Providence.

A la foi tout donne raison.
Quiconque en la froide saison,
Sous les champs neigeux, en silence,
Pense que germe la moisson,
De Dieu reconnaît la puissance.

Il est croyant, le faible humain,
Quand il dit « l'avenir », « demain »,
« L'inconnu »; car il se repose
Sur un pouvoir stable et certain,
Le seul que mettre en doute il n'ose.

L'âme qui, dans l'affliction,
Porte avec résignation
Une vie à charge et cruelle
Connaît la consolation
Que le Seigneur verse sur elle.

Et l'on croit inconsciemment,
Et le baume au cœur, l'aliment
Qui le fait vivre, est la foi même,
La foi que la bouche dément !
Pourquoi ? C'est un divin problème.

« INSENSÉ DE CŒUR ».

Il y a une profonde vérité dans la sévère sentence du sage Hébreu : « L'insensé a dit dans son cœur, il n'y a pas de Dieu ». Après ce qui précède, cette parole peut paraître dure et intolérante, mais c'est réellement un des aspects de la vérité et, sans elle, ce que nous venons de dire ne serait pas complet.

L'incrédule désigné ici ne doit pas être confondu avec ces hommes sans croyance, mais cultivés et intelligents, que j'ai essayé de défendre contre l'accusasation d'athéisme, pour qui j'ai revendiqué, même, un secret mais très réel penchant au déisme. De tels hommes peuvent douter ou nier, mais ne le font pas par choix. Leurs réflexions les y ont conduits, non leur cœur : car ils ont conscience du mystère environnant, ils admirent la beauté, la majesté, l'harmonie de la Nature ; ils voudraient croire à un Créateur digne de tout cela, s'ils le pouvaient. Ils ne chérissent pas leur négation et ce n'est pas par un plaisir pervers qu'ils rabaissent toutes choses au niveau des pauvres capacités humaines. Ils sentent qu'il existe *quelque chose* sinon *quelqu'un*, dépassant de beaucoup leur portée. Ils vivent sur le plus haut plan de vie, selon des motifs et des principes purs et élevés. Ce n'est pas dans leur cœur qu'ils disent: « Il n'y a pas de Dieu ».

En ce qui regarde l'incrédulité intellectuelle, il faut le dire cependant, nul n'a le droit de déclarer que Dieu n'existe pas. Pourquoi ? Simplement parce que le mystère qui entoure la vie est trop profond ; parce que la beauté, la grandeur, l'unité et la continuité de l'Univers sont trop admirables pour permettre une telle hypothèse. On peut dire : je pense, je fais usage de la raison et de l'expérience, je n'aperçois pas trace de divinité ; ou même, comme l'a dit un célèbre astronome : « J'ai exploré les cieux avec mon télescope, Dieu n'y était pas. » Notons ce qu'une pareille tentative avait de puéril. Mais il n'est permis à personne de nier Dieu absolument. On n'aurait qu'à répondre à l'incrédule : avez-vous essayé toutes les voies, épuisé toutes les méthodes, visité tous les lieux et réellement découvert tous les ordres d'existence ? Avez-vous pénétré dans chaque repli des merveilles cachées, pour avoir la certitude que pas un être n'a échappé à vos instruments, ou ne s'est joué de vos sens ? Une telle prétention serait pire qu'absurde, elle serait monstrueuse et folle.

Nier Dieu est donc, de la part de l'intelligence, une immense présomption, et quand c'est le cœur qui en est coupable, en face de ces redoutables régions inexplorées, on peut dire que c'est l'acte d'un cœur léger ou méchant, d'un « cœur insensé ».

On dit quelquefois que la Science conduit à l'athéisme. Je ne le crois pas. La Science détourne les hommes des superstitions, elle brise les vieilles idoles: la

Science nous fait délaisser le flambeau des théologies usées pour le soleil des vérités nouvelles : elle met le désarroi parmi les prédicateurs et les prêtres. Elle n'est pas le chemin de l'athéisme pour cela : elle conduit vers une religion plus large. Quelles choses sont détruites ? De pitoyables restes des conceptions du passé, les plus sombres qui troublèrent jamais le repos de la pauvre humanité : légendes et dogmes, traditions, terreurs issues des plus tristes moments de son histoire, idées de Dieu et de l'homme telles qu'on pouvait les inventer en des temps de luttes atroces et de cruelle oppression, où quelques-uns règnaient en tyrans égoïstes, tandis que les masses n'étaient que de misérables esclaves. Qu'est-ce qui est en train de finir ? Un véritable règne de terreur, établi sur l'idée superstitieuse que nous sommes une humanité déchue, vivant et mourant sous la malédiction divine. Et qu'est-ce qui vient à la place ? L'incrédulité, l'athéisme, l'amoindrissement de l'homme, de la Nature, de l'Univers, de Dieu. Oh ! non, tout le contraire : des idées plus larges, de plus vastes perspectives, des efforts plus féconds, de plus nobles espérances, ouvrant des cieux plus brillants. La Nature sera bien plus belle, l'Univers plus admirable que jamais. Et ce serait là tuer la foi, bannir Dieu ? Les nouveaux cieux, la nouvelle terre de la jeune époque scientifique voudront reconnaître un Dieu plus sublime, et celui qui fut adoré dans le passé s'en ira, afin que le nouveau puisse venir. Ce sera l'œuvre de la Science de relever l'idéal divin.

Elle creusera le mystère, exaltera l'enthousiasme

poétique et religieux, et rendra plus nécessaire que jamais le Roi éternel et invisible.

Soyons persuadés que la Science ne détruira jamais ce qui touche à la morale et aux choses spirituelles. Quelque chose qu'elle nous apprenne au sujet du corps, cela ne saurait annihiler les vérités d'ordre psychique et supérieur. Elle prouvera, comme cela a été dit, que le cœur n'est qu'une pompe de la plus grande énergie ; elle n'expliquera pas ainsi l'amour et la haine, la crainte et l'espoir ; car ces sentiments ne peuvent être réduits en équivalents chimiques ou mécaniques. De la même manière, tout ce qu'elle pourra enseigner sur l'Univers ne sera jamais en opposition avec les sentiments innés de vénération, d'espérance et d'amour, triple base de l'adoration religieuse. Ainsi la Science, en augmentant nos connaissances de l'homme et de l'Univers, ne fera qu'ajouter aux motifs de révérence, d'aspiration vers Dieu. Si quelquefois elle paraît pencher vers l'athéisme, c'est par esprit de réprobation pour des idées trop basses de la Divinité et pour préparer le monde à une Foi plus élevée que toutes celles qu'il a précédemment connues.

Il faut l'avouer, nous croyons de moins en moins à la possibilité d'arriver jusqu'à Dieu, étant moins portés à localiser, limiter, personnifier ce grand Être. Le Créateur se confond davantage avec la chose créée, avec la vague de vie mystérieuse ou d'énergie en œuvre dans l'Univers. Il est vrai aussi, nous voyons de moins en moins, autour de nous, l'évidence de la bonté divine, à part l'harmonie qui, lentement, évolue dans le monde, en vertu des lois immuables de la Nature. Il est vrai enfin que la foi elle-même, planant au-dessus de terre, et jusque dans les cieux, soit de moins en moins consciente de la présence de celui que l'on nous représente «marchant dans les flots de la gloire». Méconnaîtrons-nous alors l'inspiration, la puissance, la bonté, la continuelle présence de Dieu ? Ce serait le comble de la folie, un incurable désespoir. La cause éternelle et toute-puissante produit sans cesse ; nous avons raison d'espérer qu'elle sait ce qu'elle fait, qu'elle est au-dessus de nous, qu'elle nous voit et nous aime. Notre esprit borné, notre petitesse, notre défaut de connaissances positives nous interdisent de préjuger et de nier ; cela devrait plutôt nous pousser à croire ; ce que nous ne pouvons faire en connaissance de cause, nous devrions le pratiquer par humilité, et quand nos sens et notre intelligence ne savent rien nous dire, laisser parler notre cœur

CHERCHER DIEU AVEC ARDEUR.

Si l'on doit admettre ce que nous venons de dire au sujet de l'athéisme si, au lieu d'une opinion raisonnable, ce n'était en réalité qu'une dépression morale et intellectuelle ; si, de vivre, spirituellement parlant, dans la plus pure atmosphère est rendre implicitement témoignage à Dieu ; si partout nous voyons l'unité, la continuité, l'intention manifeste, le dessein qui s'exécute par une lente, mais irrésistible et toute puissante action ; si l'Univers progresse avec le cours des siècles et devient plus brillant, plus animé, plus prodigieux, dans ce cas l'attente et l'espoir sembleraient plus naturels et raisonnables que le doute et la négation de Dieu. Nous avons toujours réussi, croyons-nous, à démontrer qu'en ce monde, tel qu'il est, le noble et le beau peuvent se réaliser ; le noble et le beau sont inspirés naturellement. La vie et l'harmonie, l'ordre et la beauté nous frappent partout et se révèlent sous nos pas en formes mille fois variées et multipliées, ravissantes, sublimes. Qu'en faut-il conclure, sinon qu'il existe un Être plus grand et plus sage que nous ? En d'autres termes, est-il rien de plus naturel que d'élever notre pensée la plus intime vers le Grand

Esprit en répétant les paroles du poète Hébreux :
« Mon âme vous cherche avec ardeur. » En de telles
circonstances ce n'est pas seulement piété, mais raison,
c'est un acte naturel autant que religieux. L'Univers
est trop beau, trop plein de mystère pour que l'esprit
s'en désintéresse entièrement. Force est à moi d'aller
plus avant, plus haut, sur la trace des merveilles devi-
nées ou entrevues ; je ne saurais demeurer insouciant,
inactif. Mon âme est en quête du Divin Auteur de la
vie, elle le cherche avec ardeur.

On reproche souvent au professeur Tyndall une atti-
tude quelque peu matérialiste et même athée ; c'est
pourtant de ses lèvres qu'est sorti le plaidoyer le plus
touchant, le plus tendre en faveur de la divinité. Dis-
sertant sur les forces moléculaires et les cristaux, et
montrant des exemples de ces formations admirables,
le professeur disait :

« J'ai été témoin de ces choses cent fois, et ne les ai
jamais observées sans une admiration émue. Et, si
vous voulez me permettre une courte digression, je
vous dirai que je me suis assis au printemps, regardant le naissant feuillage, le gazon, les fleurs, toute
cette joie qui s'éveille. Et je me suis demandé, dans
mon ignorance des causes, s'il n'y avait pas dans
l'Univers une puissance, un être, quelque chose qui
en sût à ce sujet plus que moi. Je me suis demandé s'il
était possible que la science de l'homme fût le plus
haut degré de connaissance, sa vie, la plus grande
plénitude d'existence ? Mes amis, la profession de cet
athéisme dont je suis quelquefois, avec peu de raison,
accusé, serait une pauvre réponse à un pareil problè-

me, et ne vaudrait guère mieux que ce déisme agressif et outré qui, j'ai pu le reconnaître dernièrement, rampe encore en certains esprits comme une survivance d'un âge de férocité. »

Cela confirme notre précédente assertion, que la Science n'est pas opposée à la foi en Dieu ; elle réprouve seulement ce « déïsme agressif et outré, survivance d'un âge de férocité. » Que nous soyions délivrés de cela, et il y aura place pour les bonnes et salutaires révélations de la Science, touchant le Créateur. Citons aussi les paroles remarquables de M. Herbert Spencer, dont les écrits sont rendus responsables, en grande partie, de l'incrédulité intellectuelle de nos jours. Dans son ouvrage des « Premiers Principes », M. Spencer s'exprime ainsi : « La notion qu'une puissance impénétrable existe et se manifeste à nous dans les phénomènes de la nature, est devenue de plus en plus claire ; il faut, autant que l'on peut, la débarrasser des faussetés qui la dégradent. La certitude qu'un tel pouvoir existe, mais que, d'ailleurs, il ne se laissera pas deviner et est au-delà de toute imagination, voilà ce que l'intelligence a saisi tout d'abord

.La Science arrive inévitablement à cette conclusion lorsqu'elle a épuisé son champ de recherches, et la religion, elle-même, y est conduite par le libre examen. Satisfaisant, comme elle le fait, la logique la plus rigoureuse, en même temps qu'elle ouvre un champ indéfini au sentiment religieux, cette conclusion est celle que nous adopterons d'une manière générale. »

Ces paroles ne semblent-elles pas un écho de la pa-

3.

role biblique : « Mon âme soupire après vous, Seigneur ». Quelle confession nous fallait-il davantage, de la part du savant, que celle-ci : « Une puissance inconnaissable se manifeste à travers le phénomène » ? C'est ce pouvoir que nous nommons Dieu, et dans lequel nous avons la vie, le mouvement et l'Être. Est-il surprenant que nous le cherchions et désirions le connaître ?

Mais M. Spencer dit que Dieu est « inconnaissable » Qu'en savons-nous ? Si Dieu a cet attribut, nous devons l'ignorer, et tout ce que l'on peut dire, c'est qu'il est inconnu. Comment pourrions-nous savoir que l'inconnu est inconnaissable ? M. Spencer dit aussi que la connaissance est impossible. Qui nous le garantit ? Car, probablement, il sera impossible que nous acquérions la connaissance de cette impossibilité ; un homme disant : « Je sais que la connaissance est impossible » se contredit lui-même, en affirmant qu'il sait ce qui ne peut être connu. Mais je dis que nous savons quelque chose ; nous avons conscience que nous vivons dans un monde plein de merveilles, faisant partie d'un Univers dont nous ne pouvons concevoir la grandeur, la beauté, le mystère et c'est en faisant effort pour expliquer ces choses que nous sommes conduits, par la raison, à en inférer l'existence d'un Dieu créateur.

Nous le cherchons avec ardeur, et partout. Il semble, dans le monde matériel, vouloir se laisser deviner. Pourrions-nous ne pas l'y apercevoir ? On comprend bien les anciennes croyances de la poétique Grèce. — On comprend pourquoi les nations les plus pensantes de l'antiquité peuplèrent tous les sites terrestres de si nombreuses divinités ; Dieux des vents, des forêts, des vagues de l'Océan ; Dieux des moissons, des fleurs, des rivières charmantes, des cieux arrondis en voûte. Quels lieux étaient privés de semblables habitants ?

O Terre! Tu n'est pas muette;
Sur toi il n'est vent, ni tempête
Qui n'ait sa sauvage chanson ;
L'humble fleur au pied du buisson,
L'oiselet, avec son ramage,
Sont comme le vivant langage
Adressé à tous les vivants,
Bien que ceux-ci soient ignorants
Du sens de ce divin message.
Et chaque forme, chaque son,
Sont animés par quelque chose
Hors de leur naturelle cause,
Un Esprit hante le gazon —
Et le soir, les ombres mouvantes
Ont l'air vaguement ressemblantes
Aux pensers d'un Etre immortel.
On sent la présence divine,
Qui, lorsque le Soleil décline,
Empourpre les lambris du ciel
Et fait tressaillir la colline.

Nous parlons de la nature. Quelle est-elle ? L'ensemble des choses matérielles est périssable, comme les unités qui le composent. La toile que l'araignée suspend au buisson n'est pas plus nécessairement passagère que la chose la plus solide. Ce n'est qu'une

question de temps. L'herbe des prés, l'arbre, le nuage,
le fleuve qui coule vers la mer, la vague qui soupire
ou chante, ou bat la rive à grand bruit ; le rivage
aussi, les falaises, les montagnes n'ont qu'une durée
limitée. La plus grande erreur est de croire que nous
avons sous les yeux le monde tel que l'ont regardé nos
pères, que nous voyons aujourd'hui ce que nous
avons vu l'an dernier. Tout change ; la surface du
globe se renouvelle sans cesse. Le ciel lui-même a ses
révolutions d'astres et de systèmes, ses naissances,
ses décadences, ses morts de planètes et de soleils.
Erasme Darwin, au XVIIIᵉ siècle, ne faisait que devan-
cer le Charles Darwin du XIXᵉ, lorsqu'il chantait :

Etoiles, gravitez ! Rayonnez de jeunesse,
Sur vos orbes marquez les pas légers du Temps ;
Toujours plus-bas volent vos chars étincelants
Et votre cours décroît tous les jours davantage.
Fleurs du ciel, vous ne céderez que trop à l'âge,
Non moins fragiles que vos douces sœurs des prés ;
Les astres tomberont des cieux hauts et cintrés,
Systèmes et soleils seront jetés en masse,
Eteints, brisés, vers un coin sombre de l'Espace ;
Sur eux la nuit, la mort, le chaos règneront.

. . . .

Jusqu'à ce que l'épave émergeant du bas-fond,
La Nature immortelle, et changeante, y réveille
Ses formes variées — que du bûcher de mort,
Rajeunie, elle prenne un radieux essor,
Renouvelée et cependant toujours pareille.

Toutes les choses visibles ne sont que le battement
d'ailes en infatigable et perpétuel essor ; elles trans-

portent le penseur toujours plus près de la puissante énergie créatrice, de la cause immortelle de qui, ou de quoi, toutes choses semblent provenir. « Comme une troupe d'esprits ardents, animés par un Dieu, nous émergeons de l'Inconnu », dit Carlyle, « nous passons en hâte et bruyamment sur la terre étonnée, puis nous replongeons dans l'Inconnu..... Dans le plus dur diamant le pied humain laisse sa trace. Les derniers de la troupe en marche interrogeront les vestiges de ceux qui les avaient précédés. D'où venaient-ils, O ciel, et où vont-ils tous? Les sens se taisent là-dessus, et la foi ne sait rien. Ils marchent, mystérieux voyageurs, vers un but mystérieux, venant de Dieu, retournant à Dieu. « Ainsi, sur le métier bruyant du Temps » nous voyons tout en travail pour tisser le vêtement divin, et nous savons que Dieu est proche. La nature alors, malgré ses aspects multiples, nous apparaît *une* en réalité. Elle est la Pensée divine, ou plutôt le reflet, dans le temps et dans la matière, de la Pensée et de la Vie divines, dans la Sphère éternelle de l'Esprit. Ainsi, à travers la nature, nous arrivons à atteindre ou à pénétrer l'essence de Dieu en qui et par qui « tout vit et se meut, et participe à l'Etre ». Et l'âme soupire après Lui, Oui ! L'incrédule lui-même cherche Dieu dans l'amour et dans l'étude de ses ouvrages, dans l'émotion qu'il ressent au spectacle de la vie, si variée dans ses formes, et qui le frappe d'admiration et de respect, dans l'observation patiente des opérations si sûres, des lois si constantes, par lesquelles la nature atteint son but sans défaillance, quoique en y employant des milliers de siècles. C'est ainsi que l'incrédule, inconsciemment, est aussi à la recherche de l'Être divin.

Et ce qui est vrai dans le monde matériel est vrai, à plus forte raison encore, dans le domaine de l'Esprit. La Pensée a une place prééminente parmi les fonctions de la vie. La Conscience intime de mon être, qui est ma pensée elle-même, est la chose pour moi la plus certaine ; elle est aussi, de toutes les productions de la nature que nous connaissons, la plus noble et la plus merveilleuse : car un mendiant qui sait qu'il a faim, qui agit et s'efforce de satisfaire ce besoin, est bien au-dessus d'une planète, qui porte et nourrit des millions d'hommes, et n'a conscience de rien. Et nous touchons ici la raison pour laquelle l'esprit humain cherche l'Esprit dans l'Univers. Les hommes sentent vaguement leur insuffisance intellectuelle devant tant de merveilles : esprits bornés, ils se mettent en quête du Grand Esprit infini. Cela n'est-il pas logique ?

La nature nous montre l'esprit comme un de ses ouvrages, l'intelligence est, dans la chose créée, si humble, et le Pouvoir créateur en serait privé ? Une force aveugle, inintelligente, agissant au hasard, par un certain nombre de mouvements désordonnés, peut-elle donner naisssance à cette chose qu'est la Pensée ? Autant dire que du tourbillon des feuilles soulevées par le vent d'automne peut sortir un drame comme le « Songe d'une nuit d'été ».

L'homme doué d'intelligence est donc réellement le plus noble ouvrage, la plus belle manifestation de la pensée de Dieu ; il est une émanation de son Essence divine, dans une forme finie, en contact avec les choses passagères et sensibles.

Nous voyons donc que l'âme humaine prend son envolée au-delà du cercle de son horizon spirituel, comme elle plane au-dessus des choses terrestres, cherchant Dieu, sentant qu'il ne peut être loin de chacun de nous. Il lui devient facile alors, écoutant en elle-même, de distinguer dans ses propres soupirs, dans ses prières et ses cantiques, la source de son inspiration, la voix de Dieu appelant tous ses enfants vers de plus hautes et plus heureuses destinées.

Nous voici revenus aux paroles du prophète hébreu : « Mon âme soupire après le Seigneur ». L'âme, c'est l'être intérieur, la véritable personnalité humaine, abstraction faite de ce qui est extérieur et n'est que l'instrument de l'âme. C'est le *moi* qui pense et aime, aspire et rêve. Le *moi* vibrant, qui rendait Tyndall ému devant les beautés de la nature, et faisait soupçonner au savant une science plus complète, une vie plus haute que la science et la vie de l'homme, c'est cet Ego, cette âme qui soupire après Dieu, et sans lui ne voudrait pas de repos. « Le sentiment religieux » dit M. Tyndall, « est aussi légitime que tout autre sentiment humain ». Certes ! Et son impulsion est aussi impérieuse, ses jugements sont aussi valables que s'il s'agissait de toute autre de nos facultés. La vision de l'œil n'est pas plus naturelle et plus sûre que celle de la conscience, le témoignage de l'ouïe n'est pas plus certain que les instincts de l'âme. On nous dit que nos instincts nous sont venus par héritage, et sont le résultat d'expériences accumulées pendant la vie antérieure de notre race, depuis la crainte de l'animal, l'égoïsme de la brute, en passant par les phases du remords, du respect de soi, jusqu'à l'amour du bien, au discernement du mal. Mais pourquoi ne verrait-on pas dans ce progrès merveilleux le résultat d'une éducation donnée à l'homme par le Créateur, le développement régulier d'un être qui ne pouvait évoluer que de cette façon ? La conscience en sera-t-elle moins la voix divine, depuis que nous avons découvert par quel lent entraînement cette voix est parvenue à se faire entendre ? Débarrassons-nous de cette superstition qui voudrait voir Dieu dans le miracle d'un instant, et l'exclure de l'œuvre de la Nature, qui met des années à s'accomplir. On a dit sagement qu'il ne fallait pas chercher Dieu autre part que dans le Livre où son nom est écrit. Cet astronome qui, fouillant le Ciel avec son télescope, n'y trouvait pas la Divinité, l'eût plus sûrement rencontrée au fond de sa propre conscience. De même, qui compte en vain sur un miracle verrait Dieu journellement dans la plus simple des lois naturelles.

Oui, c'est l'âme qui cherche Dieu ; car c'est elle qui perçoit l'harmonie dans la diversité, la cause à travers le phénomène, la bonté providentielle derrière la loi. Le matérialiste rapporte tout à ses gaz favoris, parle pertinemment de l'oxygène et de l'hydrogène, et n'est pas assez fou, il s'en vante, pour adresser à de la matière inerte ses prières et ses hommages, sans doute. Mais ne voit-il pas que ces corps n'existent pas

par eux-mêmes, qu'ils sont mûs par un commandement mystérieux qui leur a prescrit, bien des siècles
à l'avance, d'accomplir l'ouvrage qui leur est propre?
Pourquoi ne ferions-nous pas monter nos prières vers
cette puissance cachée, agissant derrière les forces
naturelles? Le matérialiste peut manipuler ses gaz, les
analyser, les combiner ; il ne peut pas entrer en contact avec la Force subtile qui a formé et mis en mouvement la matière. Il ne peut atteindre au premier principe, qui ne fut jamais plus inexplicable qu'il ne l'est
à la Science de nos jours. De même que le matérialiste
emploie toute l'ingéniosité de la mécanique pour arriver à atteindre l'atome, ne pouvons-nous élever nos
âmes, nous en servir comme d'instruments pour nous
mettre en communication avec la mystérieuse, la
belle, la bienfaisante Nature? Le discernement de l'esprit est aussi réel que le témoignage des sens, et ce
que nous apprennent la raison, ou les instincts du
cœur, est aussi convaincant que les expériences du laboratoire. Tout est-il vérité dans Darwin et vaine
imagination dans Emerson? Huxley a-t-il fait des découvertes, et Browning raconté seulement des songes?
N'y a-t-il de vrai que l'atome et la vie est-elle un
peu de vapeur passagère? Les sens du corps ont-ils
de l'autorité tandis que ceux de l'âme sont illusoi-
res?

Saint Paul errait-il dans son raisonnement et dans
sa foi quand il disait :

« Il est écrit : l'œil n'a point vu, l'oreille n'a point
entendu, le cœur de l'homme n'a jamais conçu ce
que Dieu a préparé pour ceux qui l'aiment.

« Mais pour nous, Dieu nous l'a révélé par son Esprit, parce que l'Esprit pénètre tout, et même ce qui est caché dans la profondeur de Dieu. »

Oui, les facultés spirituelles sont dignes de foi. Elle font autorité dans leur domaine, et leur témoignage est valable pour les choses de l'esprit.

Elles ont conduit des milliers d'êtres humains, des meilleurs, des plus sages et des plus nobles, à la conclusion qu'il existe une Intelligence suprême, créatrice, agissante ; une Intelligence qui semble, à travers d'innombrables siècles, poursuivre un but déterminé ; une Intelligence permanente tandis que toute forme et manifestation de la vie change, va et vient, apparaît et déchoit ; une Intelligence qui ne révèle pas le secret de son Être, mais qui remplit l'Univers des signes de sa puissance souveraine, de sa sagesse, de sa bienfaisance ; une Intelligence devant qui l'âme à jamais s'extasie et adore, ne pouvant l'atteindre, la cherchant toujours, et répétant, de siècle en siècle, son cri, le même : — « Je vous cherche avec ardeur, O mon Dieu ! »

LA SCIENCE EN MARCHE.

Robert Buchanan, dans un de ses premiers poèmes, « *The Book of Orm* », représente les enfants de la Terre s'écriant « Père ! Père ! Êtes-vous là ? »

Les Sages, les Savants s'efforcent de le découvrir, Lui, mais ils y échouent ; aucun de leurs instruments ne peut atteindre l'Insaisissable. Alors ils s'en retournent, et gémissent :

> Quand nous serons morts, jetez-nous
> Dans une fosse bien profonde ;
> Nous avons parcouru le monde
> Et n'en savons pas plus que vous.
> Ah ! l'homme ne peut rien connaître,
> Il eut mieux valu ne pas être.
> Certes, il n'y a pas de Dieu !

Mais ce ne sera pas le verdict définitif de la Science, ni le dernier mot de l'âme. La Science, malgré ses progrès merveilleux et ses nobles conquêtes, est encore bien neuve à sa tâche. A l'heure actuelle, elle vient d'aborder à une sphère inexplorée au point de vue expérimental, et les découvertes qu'elle y a faites ont discrédité bon nombre de vieux dogmes concernant la Divinité, ce qui n'est pas de sa part irréligion, mais sentiment plus noble des choses divines. Elle démontre que le Dieu de la Genèse est scientifiquement absurde, de même que, la plupart du temps, le Jéhovah de l'Ancien Testament semble impossible, au point de vue éthique. L'ancienne théologie est en faillite, et c'est la Science qui l'a dénoncé, rien de plus. Il reste à trouver une base plus solide pour la foi, et à montrer un Dieu plus digne de la croyance et de l'adoration des hommes : et ce sera certainement accompli.

La Science, en outre, s'est momentanément passionnée pour ses outils perfectionnés, ses manipulations, ses essais. Tel un enfant qui a reçu des jouets nouveaux : la maison et le jardin de ses parents pourront souffrir quelque dommage, par la pétulante imprudence du jeune mécanicien ou chimiste. La Science du XIXᵉ siècle est de même, et nous la voyons à l'œuvre chez nous, un peu enfantine encore. Mais elle se formera. Elle apprendra mieux la place et l'usage des choses ; elle saura que ses instruments lui seront de peu de secours, pour déterminer le grand problème de l'existence de Dieu et découvrir le secret de la vie.

Il y eut pour l'homme moderne un temps d'épreuve. Son horizon scientifique paraît maintenant s'élargir ; et le voilà qui se dresse, ironique et fâché, devant ceux qui s'arrogèrent si longtemps la garde des clefs. Mais ces conflits s'apaiseront. La Science se rapprochera de la théologie philosophique et admettra la réalité d'un monde psychique aussi bien que celle d'un monde matériel. L'âme sera vue pensant et agissant dans la sphère qui lui est propre; la Science franchissant, elle-même, les bornes du visible, fera son entrée dans les royaumes illimités de l'Esprit. Elle sera portée irrésistiblement en planant vers ces hautes sphères, au cours de ses investigations en tous sens. Déjà elle a sur les lèvres les paroles du grand évolutionniste Saint-Paul : « Les choses visibles sont temporelles, mais les invisibles sont éternelles. »

La Science, selon l'étymologie de son nom, par essence et par vocation, est tenue d'apprendre et de connaître, et son champ est aussi vaste que l'Univers. La Nature, sans fin, lui réserve ses révélations. L'hypnotisme, par exemple, avec ses phénomènes étranges de suggestion et de seconde vue, a remplacé, en physiologie expérimentale, les méthodes d'il y a vingt ans, et a ouvert un champ plus large aux recherches. Voici, après lui, le phénomène médiumnistique qu'il n'est pas permis à la Science d'ignorer, plus qu'elle n'a ignoré l'hypnotisme, ou les théories microbiennes concernant les germes des maladies.

La Science doit donc, bon gré mal gré, porter son exploration dans des contrées dont les théologiens et les prêtres ont seuls parlé jusqu'à présent: on peut s'attendre naturellement à ce que les larges assises de la foi en Dieu, les plus saines conceptions d'une vie future viennent désormais du laboratoire, non de l'église. L'homme de Science, aujourd'hui, manie couramment des forces, emploie des méthodes et des procédés qui eussent semblé miraculeux cinquante ans plus tôt, et nous avons des données nous permettant de dire avec assurance que la Science tient déjà le fil qui doit la conduire, à un moment donné, à distinguer la possibilité de l'existence personnelle en alliance avec un corps probablement invisible, ou même à faire la démonstration d'une telle vérité.

Nous pouvons, sans doute, être aussi éloignés qu'autrefois de nous former une conception de la Personne divine, plus éloignés, dans un sens. Nous pouvons être forcés de convenir que Dieu est si différent de la nature humaine, qu'il est impossible pour nous d'en avoir la moindre idée, et qu'il convient, à son sujet, de garder le silence : soit. Mais nous rencontrerons certainement des faits, nous en rencontrons tous les jours, des faits si admirablement suggestifs d'intention, d'action persévérante et d'esprit de suite, que nous serons obligés, par ce que Tyndall appelait « nécessité intellectuelle », de conclure à une Intelligence unique, adéquate à ce grand Tout. Et pourquoi ne la nommerions-nous pas notre Père, l'Éternel, *Dieu* ?

DISCERNÉ SPIRITUELLEMENT.

Tyndall nous a décrit une faculté transcendante qui, même dans les expériences physiques, vient en aide à l'opérateur, parvenu au point où la matière se dérobe à son observation. Grâce à cette faculté, que le professeur appelait *discernement intellectuel*, l'expérimentateur, se faisant de l'imagination un guide sûr, poursuit son opération au-delà des bornes du sensible, et c'est elle qui distingue le savant génial de l'homme de routine. Dans son admirable ouvrage : « Cristaux et forces moléculaires », Tyndall nous raconte une expérience de ce genre ; quand l'observation directe n'est plus possible, hardiment il passe outre, il nous commande de le suivre, et forme des inductions concernant l'invisible. Vous vous servez de l'imagination quand les sens vous font défaut, dit-il, et d'une vérité scientifique ainsi atteinte, il dit qu'elle est « spirituellement discernée » et il ajoute : « l'homme incapable de s'affranchir de ses liens matériels, et qui reste enfermé dans la région des faits sensibles peut être un excellent observateur, il n'est pas un philosophe, et ne s'élèvera jamais jusqu'aux principes qui relient entre eux les phénomènes étudiés

par la Science » Quelle différence y a-t-il entre l'affirmation qui précède et la belle remarque de saint Paul,
parlant des choses « discernées par les yeux de l'esprit » ?

N'avons-nous pas le droit alors, appliquant la
méthode favorite de M. Tyndall, nous appuyant sur
les faits les mieux prouvés, ainsi que sur les récentes
et très subtiles conclusions que la Science en a tirées
concernant la matière, d'en inférer l'existence de
l'Esprit dans le monde invisible, conformément aux
indices qui nous sont fournis sur ce plan physique,
et de conjecturer la persistance de l'Ego humain —
de la personne pensante — par-delà l'accident appelé
« mort » ? Pourra-t-on nous en faire un reproche ? En
tout cas, il ne serait pas juste de dire que nos conclusions sont plus larges que nos prémisses ; car dans
cet Univers aux perspectives infinies, aux sources si
multiples et variées des possibilités et du devenir, il
ne peut y avoir de conclusions trop grandioses, de
suppositions trop présomptueuses, d'espoirs trop
brillants, concernant Dieu et l'humanité

ASPIRATION DU CŒUR VERS DIEU.

Le plus rigide athéisme se croit justifié, quand il a mis en avant les maux de cette vie. C'est pourtant quand elles ont souffert que les âmes tendres et religieuses empruntent leurs expressions les plus touchantes. Cela peut paraître un paradoxe, mais c'est vrai. « Maudire Dieu et mourir » n'est pas le fait des malheureux. Ils souhaitent plutôt que Dieu se montre et leur procure la vie véritable.

On dirait, de la part de l'affligé, volonté de ne pas réfléchir sur son malheur, de n'en pas tirer toutes les conséquences logiques : abandon sans résistance, oubli de tout, sauf du besoin d'un refuge, d'un protecteur et puissant ami.

Il y a plus d'athées à flâner dans Pall-Mall, qu'il n'y en a dans Bethnal Green à gagner leur vie.

On ferait une précieuse anthologie de tous ces cris de la Douleur. Que de magnifiques oraisons, d'hymnes mélodieuses, de tendres supplications ! Quelle sublime confiance, quelle langue expressive dans la louange ! La plupart des psaumes sont écrits sur ce thème : la confiance en Dieu au temps de l'épreuve. Écoutez ce que dit l'un : « Toutes vos eaux élevées

comme des montagnes, et vos flots ont passé sur moi :
le Seigneur a envoyé sa miséricorde durant le jour ;
et je lui chanterai pendant la nuit un cantique d'actions de grâce. » Et cet autre : « Ma vie se consume
dans la douleur....... et mes années dans les gémissements........ Mais j'ai espéré en Vous, Seigneur ;
j'ai dit : Vous êtes mon Dieu. » Ainsi « du fond de
l'Abîme », ils crient vers le Seigneur, ils le célèbrent
comme leur refuge, leur pasteur et leur roi. Et partout le livre on voit des âmes accablées, que le poids
de leur misère amène à Lui, dans un mouvement de
tendre abandon et de consolant espoir.

Ainsi toujours, le long des chemins où passe l'armée du Mal, à qui Dieu permet de marcher dans les
ténèbres, nous entendons des chants pareils, nous
voyons de ces étranges conversions de pécheurs. Certes, le vice fait bien des athées, et l'égoïsme triomphant met sa gloire à se passer de Dieu ; mais plus
souvent les malheureux sont venus aux pieds du Seigneur, poussés par leur infortune. En vain, on leur
disait en les raillant : «Où est maintenant votre Dieu ?»
En vain leur raison se refusait à reconnaître un Être
de sagesse et d'amour dans le Roi d'un monde si
misérable, leur âme suivant un instinct aussi puissant que mystérieux était revenue à Dieu, pour s'appuyer sur lui, quand tout autre chose lui avait manqué.

Il est étonnant que les philosophes athées, prétendant que la foi en Dieu ne peut pas tenir devant le
spectacle des maux infligés par la Nature, soient les
premiers à enseigner que les lois naturelles n'admettent aucune opposition. Ne s'interdisent-ils pas ainsi

de faire un reproche à Dieu même, parce que Dieu ne veut pas contrarier cette inflexible Nature ? Ou bien leur objection est-elle celle-ci, que Dieu a fait le monde avec malice, que les lois en sont iniques et mauvaises ? Qu'ils montrent donc de quelle manière une race humaine indépendante pourrait se développer dans des conditions différentes de celles qui existent.

Mais si nous devons compter avec la Nature, comment expliquerons-nous que l'une de ses plus nobles créations soit cette aspiration vers Dieu ? Nous voyons que ce sentiment découle du cœur de l'homme comme l'une de ses plus impérieuses nécessités. On parle souvent de la Nature comme si la nature humaine n'en faisait pas partie, tandis qu'au contraire la Nature paraît être faite pour l'homme, et avoir son point culminant en lui.

La Nature renferme autre chose que des gaz et des phosphates, des agents chimiques et des forces; elle ne s'occupe pas uniquement du cours des eaux et de la direction des vents, de la croissance des forêts, de la structure des animaux, de la succession des saisons. Elle embrasse aussi tout ce qui se rapporte à l'intelligence et à la volonté, à l'espérance, à la crainte, aux affections, à la vie humaine : et, au fond de tout cela, on trouve cette mystérieuse attirance de l'homme intérieur vers l'Être divin. On disserte sur la Nature et l'on voudrait ignorer cela ! Autant parler de l'été et ignorer le Soleil, de la vie et laisser de côté l'Amour, de littérature, et n'avoir jamais dépassé l'alphabet.

Supprimez la religion, la foi en Dieu, l'ardent dé-

sir de l'immortalité, l'esprit de prophétie, la clairvoyance concernant l'au-delà, vous supprimez ce
qu'il y a de plus vital même en politique, dans la littérature et dans les arts. Des gens avisés nous assu-
rent d'un air obligeant et protecteur que la croyance
en Dieu n'est que temporaire. Elle passera. Ils auront affaire, pour expliquer cela, à plus de difficul-
tés qu'ils ne pensent. D'abord, comme naturalistes,
ils auront à dire comment la Nature a fait, pour sa
production la plus excellente, un être ayant tiré l'i-
dée de Dieu du plus profond de ses pensées et de son
cœur, de ses émotions les plus vives, de ses aspirations les plus hautes, de ses plus impérieux besoins.
Ils diront comment une superstition passagère a pu
être l'instrument des plus nobles actions de ce monde,
faisant taire l'amour du plaisir, brûlant les âmes
d'une ardeur généreuse, d'un héroïsme surhumain,
élevant l'homme, enfin, à une grande hauteur sur
l'échelle de l'Être, lui enseignant à vivre, non comme
un animal, mais comme une créature spirituelle.

Ce grand acte de croire en Dieu, malgré le mal du
monde extérieur, est lié à deux considérations très
importantes, qui se présentent à l'esprit ou sont de-
vinées par le cœur : 1º que cette vie est un champ de
bataille où se combattent de puissants adversaires ;
2º que le Maître suprême de toutes choses est du
parti de la Vertu, de la Beauté spirituelle et de
l'Amour. La première de ces vérités est inévitablement reconnue par tous les esprits religieux et sincè-
res, hommes, et femmes à qui la vie a fait sentir ses
épines. Ils savent quels âpres assauts se livrent ici-

bas ; comment le bien et le mal, la lumière et les ténè-
bres s'y disputent, cruellement pour nous, la suprématie. Un tel conflit, pour l'homme frivole, revêt la forme
de plus ou moins de bien-être, d'agrément, d'argent,
de prospérité matérielle ; mais des natures moins su-
perficielles sentent et voient au delà de ces choses ;
elles voient un conflit moral perpétuel, des questions intellectuelles qui divisent les hommes, elles
savent qu'il y a bien plus au fond du débat que tout
ce que l'or peut acheter, le marché fournir. On a
cherché à rendre compte de cet antagonisme en
supposant la personne d'un Satan, rival de Dieu,
élément de trouble dans la création, empestant par
sa présence le monde qui, sans lui, serait pur comme
le lys, odorant comme la rose. C'est lui qui tente la
vertu encore faible, et fait même succomber par ses
embûches le vétéran, aguerri pourtant depuis longtemps contre les ruses diaboliques ; c'est lui qui ter-
nit l'adorable tableau que Dieu s'efforce, vainement,
de terminer et de rendre parfait. De cette effrayante
hypothèse sont nées beaucoup de superstitions déplora-
bles, sous lesquelles on retrouve toujours la vérité
profonde, qu'il existe un réel, un mortel antagonisme,
entre les forces du Bien et celles du Mal. Mais c'est ici
que la froide logique cède toujours le pas au sentiment,
chez les natures profondément sensibles. Vous avez
beau leur objecter que Dieu, s'il a fait toutes choses, a
créé le Diable également ; que, puisqu'il est tout-puissant, les choses mauvaises sont ainsi d'après sa
volonté ; leur suggérer que les taches déshonorant la
création prouvent que Dieu en est absent ; l'âme ne

4.

s'embarrasse pas de tels raisonnements, elle méprise les paradoxes ; l'homme de bonne volonté, celui qui a la seconde vue du cœur, s'attache au seul fait qu'il y a des éléments discordants, et qu'ils sont aussi réels l'un que l'autre. Le mal est là, de même le bien. Le mal, il est vrai, veut dominer et rôde partout, cherchant, comme une bête de proie, de quoi dévorer ; mais le bien, le bien actif, qui est chaleur et lumière, qui palpite au cœur de tout, le bien est là aussi, jamais absent, jamais vaincu. Le problème de la coexistence de ces deux forces est rejeté au second plan, pour considérer simplement le fait de leur présence à toutes deux ; et l'âme qui refuse de se donner au mal, dont les désirs sont pour le bien, qu'elle sent être le Roi véritable, tandis que le mal est un usurpateur ; l'âme crie vers Dieu avec plus d'élan encore, elle bat d'une aile plus désespérée les barreaux de sa prison charnelle, avec un plus ardent désir que jamais de voir la lumière et l'harmonie des sphères de rêve, que, dans quelque moment d'extase, peut-être, elle a déjà entrevues ou pressenties.

La seconde considération qui se présente à propos de la Foi en Dieu, c'est que le Souverain Maître de toutes choses est du côté de la vertu, de la beauté spirituelle, de l'amour. Cette vérité a été entrevue par les hommes, souvent défigurée ou confuse, mais n'a jamais été absente de la sincère croyance en un Dieu vivant.

Je dis que c'est là un argument des plus forts en faveur de l'existence divine, que la foi en Dieu découle des nécessités les plus pressantes et les plus saintes de l'âme. Si elle n'était qu'une invention de la frivolité et de l'égoïsme, nous aurions raison de nous en soucier comme d'une ride sur le fleuve du Temps : mais c'est bien plutôt comme le lit profond où coule le fleuve de Vie, et ce n'est pas encore à notre époque que nous saurions nous passer d'elle. L'âme humaine est encore trop pleine de l'impulsion divine pour consentir à être sevrée de ce qui est la source de sa vraie vie, et, dieu merci, le péché n'a pas encore corrompu en nous l'attrait mystique pour le grand Invisible. Si le jour affreux vient jamais, où l'amour divin sera chassé comme un mauvais rêve, c'est qu'en ce temps-là la vie sera dépouillée de toute poésie, la Nature regardée seulement pour ses dons, pour la satisfaction de nos besoins et de nos agréments ; alors on n'aura plus de considération que pour les objets de négoce; les plaisirs physiques seront seuls rangés dans la catégorie des bonheurs humains ; le grossier cynisme, la satiété, le fade lieu commun règneront dans la société, et les hommes, ne sachant plus ni rêver ni prier, auront cessé d'espérer et d'aimer.

Ce jour ne viendra jamais. La Science et la civilisation, loin de nous détourner de Dieu, nous conduiront vers Lui, toujours davantage ; et, au sein d'un monde plus vaste que celui de nos pères, connaissant des lois plus puissantes que celles qu'ils avaient découvertes, nous, et ceux qui viendront après nous, nous trouverons de plus en plus des motifs de foi et d'amour, comme étant les fils et les serviteurs du grand Dieu caché, dont nous n'approfondirons jamais la mystérieuse essence, mais dont la sagesse, la puissance et la bonté feront notre étude et notre joie.

INSUFFISANCE DU PESSIMISME.

Il y a deux sortes de pessimisme, l'un effronté, l'autre digne de compassion : Méphistophélès est le type du premier ; le second est représenté par une portion de l'humanité, gens de cœur que le sentiment des misères de ce monde entraîne au désespoir. Il y a peu à dire au sujet du premier, « l'Avocat du Diable », occupé à voir partout le mal, ou à l'inventer, pour en faire l'objet de ses dérisions ! Quant au second genre de pessimisme, on peut faire à son sujet bien des remarques utiles.

C'est une chose inquiétante, à première vue, que le pessimisme ait marché, et marche de conserve avec le progrès du bien-être, avec le nombre croissant des découvertes tendant à améliorer le côté matériel de l'existence. Pessimisme et misère sembleraient, si l'on ne voyait le contraire, devoir cheminer ensemble. Mais il n'en est pas ainsi, et le pessimisme est le compagnon du luxe. Très réellement, il existe une connexion subtile et puissante entre le luxe et le désespoir, d'une part, entre l'optimisme et la misère, de l'autre. L'habitude des aises de la vie développe une faculté raffinée, qui fait prêter attention aux choses désagréables et en mieux ressentir les piqûres. J. Stuart Mill, entouré des satisfactions de la richesse, et par cela même affligé d'un esprit chagrin, réel ou affecté, disait en parlant des misères de ce monde, que ceux qui prêchent la patience ne la pratiquent pas eux-mêmes. Les adeptes du pessimisme philosophique, toujours prêts à maudire Dieu et à vanter le suicide, jouissent généralement d'un intérieur confortable et font des repas réguliers. Mais leurs vues ont été faussées, et ils sont devenus délicats à l'excès par trop de bien-être. La misère, dans un petit cabaret près de l'atelier, dans la demeure de l'ouvrier, dans la pauvre petite salle de la mission, ou même à l'hôpital, n'est pas précisément ce que croit un pessimiste cossu de Pall-Mall. Il y a une somme surprenante de contentement et de joyeuse humeur dans le modeste cabaret; la pauvre maison, dans beaucoup de cas, n'est pas, pour ceux qui l'habitent, telle qu'elle apparaît au philosophe à travers les glaces de sa voiture; et le Petit Béthel, la salle de la Mission, procurent des joies extraordinaires aux fidèles qui affectionnent leurs réunions.

Tout ce que l'on ajoute au confort, les inventions de tous genres pour rendre la vie plus douce, font que l'on regarde plus avant dans la voie des possibilités. De là le désir, l'inquiétude, le mécontentement, la comparaison du réel avec l'idéal rêvé, moyens détournés, mais certains, d'aboutir au pessimisme. Nos grands-pères et nos grand'mères, avec leurs idées plus modestes en fait de luxe, avaient bien plus de satisfaction et de reconnaissance. Ils ne sentaient pas les entraves qui nous blessent, et ne regardaient pas loin dans l'avenir. C'est une profonde vérité, que « celui qui grandit en Science, grandit en infortune » et elle avait un sens bien clair l'antique légende : les yeux de l'homme dessillés et voués aux pleurs, parce qu'il avait touché à l'arbre défendu, et voulu connaître le bien et le mal. Nous en goûtons maintenant, de ce fruit de Science, et nous sommes tristes, « le front assombri par le reflet de nos pensées ».

Mais il y a un côté plus brillant. Il existe une cause de pessimisme, marquant un réel progrès dans le développement de l'esprit humain, un plus haut degré de sensibilité, de sympathie pour nos semblables. Nous sommes émus, nous jugeons mieux, nous apercevons l'idéal, nous y répondons, nous nous indignons contre le mal. Hawthorne disait avec raison : « Le désespoir suprême, ce sentiment que tout nous manque, sont inévitablement la récompense et le châtiment de celui qui ose lutter pour une grande et généreuse idée. Cela prouve la puissance de l'esprit, capable d'imaginer des choses élevées, mais que les forces humaines sont impuissantes à réaliser ». C'est en devenant plus altruistes, que tant d'entre nous tournent au pessimisme ; et cependant, curieuse contradiction, cette philosophie semble nous désintéresser des choses humaines, mais c'est de la façon dont on s'impatiente et s'irrite, devant les torts et les injustices ; celui qui sait faire à cela bon visage, est souvent jugé meilleur ; il n'en est rien. Celui qui s'irrite montre qu'il est sensible à l'injustice, d'une sensibilité peu contenue et mal dirigée encore, preuve cependant d'une âme qui s'affine.

Jamais on n'a tant fait pour le pauvre et le travail-
leur que de nos jours. Nos sympathies vont un peu
partout : nous avons des tendresses pour les batailleurs
et les rebelles, les criminels, même. Nous prenons
fait et cause pour le chien qu'on maltraite. L'Ibsé-
nisme lui-même, avec ses opinions dangereuses et
malsaines touchant la cause féministe, a ses racines
dans un sentiment généreux.

Le cas plus grand que l'on fait à présent de la vie
humaine est lui-même une cause de pessimisme. Que
doit-il advenir de nous ? Tout repose sur cette question. On attachait jadis bien peu d'importance à la
vie humaine. De l'état de manant jusqu'au trône, le
meilleur moyen de frayer son chemin était le meurtre
et c'était le plus employé. Nous protégeons les plus
petits ; nous intervenons même auprès des parents
pour le traitement et l'éducation de l'enfance. Un
enfant ignorant ou maltraité, une femme insultée,
un homme assassiné, semblent chose grave pour le
monde moderne — mais, par compensation, nous
sommes plus frappés par les vilenies et les souffrances,
par le décourageant contraste entre le réel et l'idéal,
portés à cette mélancolie d'où le pessimisme découle,
et qui fait, sinon maudire Dieu, peut-être, et désirer
la mort, mais demander, du moins, à quoi bon vivre?

Nous sommes portés à exagérer les maux de la
vie. Ce que l'on a sous la main est toujours ce qui
est utile ; les préjugés et les modes ont trop d'empire
sur nos esprits. Le mal grossit d'autant plus qu'il
blesse, et deux petites larmes effacent l'éclat riant du

ciel. Nous faisons attention, à de rares moments, au sort, en apparence effroyable, des gens très-pauvres, et cela nous confond. Mais il est à remarquer que ce sont les riches qui sont pessimistes, non les pauvres, laborieuses créatures, dont les efforts et les angoisses servent de thème au pessimiste pour ses tirades sceptiques et amères. L'aspect repoussant de la misère, le travail écrasant et sans espoir du malheureux sont plus affreux pour le spectateur sensible et raffiné qui en est témoin, que pour ceux qui y participent. Shoreditch est-il une tache dans la création ? Ou Bermondsey ? Ou Bethnal Green ? Ou St Georges-de l'Est ? Ce sont de tristes nids de misère, et sous leurs longues files de toits lézardés, ce qu'il se cache de trouble et de douleurs, Dieu le sait ? Mais ce qui aurait mis John Stuart Mill hors de lui, ces pauvres combattants de la vie le remarquent à peine. « J'aimerais mieux me couper la gorge que de vivre en cet endroit », me disait William Morris l'autre jour. « Il est possible ; mais ne mesurez pas ce qui leur manque à la mesure de vos besoins » telle fut la réplique. Dans ces rues, dans ces ruelles enfumées et barbouillées de suie, les enfants rient aussi bien qu'ils pleurent ; les amoureux bavardent ; hommes et femmes rentrent joyeux à leur logis, comme à un petit refuge ; le colporteur y dépose le fardeau, qui a si longtemps fatigué ses épaules. La tragédie est là, certes, mais la comédie y sourit, la farce y est joyeuse, le drame domestique s'y déroule d'une façon naturelle et quelquefois charmante. Mettez en regard le rire et les larmes, l'espoir et le désespoir, la maladie et la santé, la misère sordide et le courageux effort pour en sortir. Qui pourrait dire de quel côté penchera la balance? Il serait bien hardi ou malintentionné celui qui soutiendrait, même de Saint-Georges, que c'est une laideur et une tare ; une énigme, un objet de curiosité intense, peut-être ; non pas une faillite de la création, et il n'eut pas été préférable que la Tamise eût toujours coulé à sa place, que toute cette vie animée et criarde ne fut pas sortie du néant.

Si nous considérons, même, les peuplades les plus arriérées, les habitants non civilisés des mers tropicales, qu'y voyons-nous, sinon une somme prodigieuse de jouissances matérielles, et même de douces et simples émotions de l'âme, mélangées, il est vrai, d'un grossier alliage, mais gardant un charme naïf? Il est douteux même si, au point de vue du bonheur, il ne vaudrait pas mieux être un robuste insulaire des mers australes, un noir zoulou, plutôt qu'un manœuvre des chantiers ou des filatures d'Angleterre. Vivant en commun avec les bêtes, les poissons, les oiseaux, les races non civilisées, à part toute considération supérieure, fournissent une contribution assez ronde au crédit du grand-livre.

Mais si nous pouvons trouver des excuses au pessimiste, quand il est choqué des misères de ce monde nous sentons combien, sous tous les rapports, est misérable sa situation d'esprit. Cela paraît conclure à une triste philosophie, qui ôte à l'homme le cœur et le courage, bannit du monde toute félicité, et c'est miracle si elle n'expulse pas Dieu de la nature.

On pourrait rendre cela visible et peut-être y remédier, en rapprochant le pessimisme de cet Idéalisme fécond, représenté par nos meilleurs poètes. Le poète est un voyant, un interprète, un pacificateur, un messager d'espérance, auprès de ceux qui sont les prisonniers du désespoir.

Nous citerons, par exemple, Tennyson, ou Robert Browning, notre Moïse, notre Aaron modernes, qui nous font marcher avec eux à la conquête de la Terre Promise. Tennyson, surtout, a atteint dans ses derniers jours une splendide maturité de génie : le virtuose, l'artiste est resté en arrière, c'est le voyant, c'est le prophète qui nous parle, sublime. Son message au siècle a été délivré finalement dans son poème « le Sage antique », vigoureuse réfutation des tristes doctrines du pessimisme :

« Attachez-vous toujours au beau côté des choses.
Elevez-vous, plus haut, que les divers crédos,
Vers la fois pure — elle est sourde aux luttes de mots,
Aux contradictions — Toujours sereine et ferme
Elle voit le dessein caché, le Bien qui germe
Sous le mal apparent ; elle sent que le jour
Doit faire, après la nuit, son consolant retour ;
Dans le bourgeon d'hiver voit la saison fleurie,
Pense au fruit mûr avant que la fleur soit flétrie ;
Dans l'œuf silencieux écoute la chanson
De l'alouette, et sait cette grande leçon
Que ce qui fait pleurer l'homme n'est que mirage. »

Voilà ce que la Foi sait faire ; elle n'est pas la naïve crédulité, ni le sentimentalisme cherchant à s'abuser agréablement pour une heure ; elle est la vision spirituelle, prophétique, l'intelligence des choses ; le remède du pessimisme, c'est la Science ; la Science armée du télescope, non celle des investigations microscopiques ; la Science qui regarde haut et loin, grande dans ses aspirations, confiante en l'avenir, courageuse et hardie dans ses efforts.

Le pessimisme met le point final avant la fin du chapitre — c'est là son erreur. Si des Anges connaissant l'avenir avaient regardé sur la terre au moment où l'homme primitif, le cœur palpitant d'une vie toute jeune, rampa hors de sa caverne, et, rejetant en arrière sa chevelure crépue, releva le front et s'aperçut, comme dit Ingersoll, que le soleil est beau ; ces Anges auraient-ils eu envie d'être pessimistes au sujet de l'humanité ?

Dans de petits vers, intitulés : « la Pièce de Théâtre » le pessimiste reçoit une leçon à cet égard ; c'est que, du grand drame terrestre, il ne voit encore qu'une partie :

«Acte premier — Cette terre
Sombre théâtre, où les maux
Sont tels, que le cœur se serre
Devant ces changeants tableaux —
Mais patience ! Peut-être,
A l'acte du dénouement,
Notre auteur fera connaître
Le sens du drame troublant.

Le pessimiste peut reconnaître ici sa fatale méprise. Il juge la pièce dès le premier acte, il ne prévoit ni ne veut attendre le dernier. C'est l'erreur de tout genre de pessimisme, social, moral, aussi bien que politique, le dernier représenté par le conservateur ; car le conservatisme est moins une politique prévoyante qu'un état d'esprit. L'explication de tout cela est bien naturelle : l'homme est inquiet et pressé parce qu'il est en marche ; ainsi le pessimiste convaincu porte lui-même le témoignage de nos plus hautes destinées. Il supporte mal les injustices et s'en irrite. Est-ce là, dit-il ce que vous appelez un monde parfait ? Et quel moyen pourrait jamais le rendre meilleur ? De telles paroles sont révélatrices d'un besoin, d'un avenir de progrès. Le pessimiste est un réformateur inconscient; il marche, cependant, pélerin comme nous tous. Lui aussi, il entend les appels en avant, il embouche le clairon, à sa manière, mais son instrument sonne faux.

Faux aussi le ton du conservateur, avec ses pronostics de ruine si nous faisons le moindre pas. Il voudrait, comme les autres, un Eden, mais pour le chercher retournerait en arrière, ou s'en tiendrait au présent. C'est ce qu'il y a de mieux, dit-il ; démontrant une fois de plus cette vérité de tout temps, que l'homme est fait pour chercher le mieux. Entre le radical avancé, et le conservateur dans son fauteuil, il n'y a qu'une différence ; c'est que le premier considère le bonheur comme une conquête de l'avenir, tandis que l'autre le regarde comme chose du passé, ou n'existant que dans son propre pays.

Un fait remarquable, c'est que les plus habiles, les plus dévoués travailleurs du monde entier sont l'opposé des pessimistes. Le pessimisme n'est pas, et, apparemment, ne sera jamais créateur. C'est la sentence de la Nature contre lui, sans doute. Elle n'aime pas la stérilité et le désespoir, toutes ses réalités et ses promesses sont pour l'activité et la vie, l'avancement et l'espoir. Le doute, le manque d'énergie, la désespérance la contrarient et l'entravent. Elle veut la foi pour seconder son action ; car la foi est force et sérénité, lumière et vie ; et ce que la nature nous révèle par ce fait, est une de ses plus profondes vérités, une de ses plus précieuses promesses.

Tennyson arrive au point juste lorsqu'il fait dire à son Sage :

« Laisse les pleurs, va-t'en servir l'humanité,
Ne fais pas de ton or une divinité,
Mais partage avec la misère,
Dans des cœurs pleins d'obscurité
Verse un doux rayon de lumière.

. . . .

Gravis, en portant ton fardeau
Sur la pente escarpée et rude,
Le mont de la Béatitude :
D'où tu pourras, peut-être, en regardant plus haut,
Par delà des sommets étagés et sans nombre,
Passé la région de la nuit et de l'ombre,
Contempler le premier rayon
De la surnaturelle aurore,
Dans laquelle baigne et se dore
La Montagne de Vision. »

La même note exaltée se trouve, sous une forme peut-être exagérée, dans un poème récent : « Sacrifiez-

vous,» semblant suggérer que dans ceci consiste toute
joie et toute espérance en ce monde. Cette exagération
se remarque dans une pièce assez bizarre, intitulée
« Heureuse ». La fiancée d'un lépreux va trouver ce
malheureux dans sa hutte de la lande solitaire, et
malgré les supplications qu'il lui fait de ne pas l'ap-
procher, elle se serre à son côté, l'embrasse et lui dit :

« Pour l'amour du seigneur,
Je vivrai, je mourrai votre femme fidèle. »

Voilà un remède suffisant pour le pessimisme difficile, qui se plaint de ce que la vie ne soit pas plus tranquille et plus agréable.

Le poème intitulé « Les Salaires » nous donne cette
lumineuse réponse :

« La gloire du guerrier, de l'orateur, du poète, se
paye avec des mots flatteurs que l'air emporte, qui
iront s'abîmer dans l'Océan d'oubli.

« La gloire de la vertu est de combattre, d'endurer,
de redresser les torts.

« Elle ne vise même pas à la gloire, et n'en fait pas
de cas ; qu'il lui soit accordé, pour sa récompense, de
continuer à vivre, et d'exister par-delà le tombeau.

« Le salaire du péché est la mort ; si la vertu reçoit
les mêmes gages, et qu'elle doive également dormir
dans la poussière, aura-t-elle le courage d'affronter les
souffrances de la vie pour devenir la proie des vers ?

« Elle ne demande ni paradis, ni tranquille béatitude, ni jardin des Élus pour s'y reposer dans la splendeur d'un éternel été,

« Il lui suffira, pour sa récompense, de continuer
son chemin derrière le voile, de ne pas mourir ! »

La maternelle nature, elle aussi, donne une leçon au pessimiste. Dans un poème intitulé : « Le Printemps », après des peintures exquises, vient ce final grandiose, ce message élevé :

« Celui qui lit dans le livre de la Nature peut-il y puiser leçon plus simple et plus salutaire que ton histoire, printemps sacré ? — Chaque plante à son tour développe son feuillage, chaque espèce d'oiseau sort du nid gazouillant pour essayer ses ailes.

« Avec quelle régularité tu évolues de mars en mai, et changes en brise parfumée le vent rude de l'hiver.

« Le cercle de tes opérations, de jour en jour, devien plus vaste et plus complexe, tel le progrès de l'esprit humain !

« Tes chaudes effluves, de bouton en bouton, accomplissent les types floraux cachés dans les semences.

« Les espérances de l'homme s'éveillent, et font de son sang une sève vive et ardente d'où peut sortir, après bien des métamorphoses, une vie qui soit vraiment une vie. »

Voilà le véritable évangile du progrès et de l'avancement, la sonnerie du réveil jetée par Dieu à notre siècle endormi — et par l'intermédiaire de ces vrais et éternels instructeurs des peuples, les poètes inspirés, qui nous sauvent du désespoir, nous soulèvent au-dessus des fanges et des tristesses de la chair, en nous prophétisant les choses futures.

Cela servira également de réfutation à une autre doctrine néfaste de ce temps, ayant un air de parenté avec le pessimisme : le matérialisme, en tant que ce mot signifie la restriction du réel à ce que nous appelons « matière », le refus d'admettre pour l'homme aucune faculté outre les sens, et les facultés s'appliquant aux objets sensibles. Le matérialiste se vante d'être positif. Il ne s'aperçoit pas que ses vues sont bornées, et que son esprit positif le conduit à s'enfermer au plus petit recoin de ses domaines. Avoir le sens pratique est facile, si l'on ne quitte pas le terre-à-terre, de même que l'on sera sûrement à l'abri des accidents de route, en ne sortant jamais de chez soi. Mais cela n'ouvre pas un bien large horizon à l'esprit. Le poète qui a toujours dévoilé des grands espaces à la vision des hommes,

> Les soulevant hors du bourbier,
> Leur montrant que l'âme a des ailes,

Tennyson, se fait le champion de l'homme futur, qui sera quelque chose de mieux qu'un animal, qu'une argile pétrie de vices. Il en revient sans cesse à « l'évolution ». Le savant n'est pas seul héritier de cette belle doctrine. Le savant ne sait l'appliquer qu'aux choses de la terre ; mais le poète l'exalte jusqu'au royaume des cieux. Un poème sous ce titre : « Par un Evolutionniste », donne vigoureusement la note en commençant par cette phrase hardie :

« Le Seigneur a loué le logis d'une bête à l'âme d'un homme ».

Dans cette ligne est résumée l'idée maitresse du poème. Le matérialiste enseigne que l'homme est un animal perfectionné, mais un animal encore, un porc dégrossi, un gorille civilisé. Le poète veut que l'homme soit devenu autre chose que cela, quels qu'aient été ses antécédents. Il est maintenant une entité spirituelle, il n'est que logé dans le corps animal. L'homme est une créature de Dieu ; le corps est le vieux moule de terre biblique, qui peut être brisé d'un moment à l'autre, sans dommage pour celui qui l'habitait.

« Le Seigneur a loué le logis d'une bête à l'âme d'un homme, et l'homme a demandé au Seigneur : dois-je vous en payer le loyer ? Pas encore, fut la réponse divine : mais faites de votre mieux pour laver et purifier cette maison, et je vous en ferai habiter une meilleure. »

L'homme dit ensuite :

« Si mon corps est le descendant de la brute, mon âme, une chose douteuse ou mensongère, pourquoi ne pas m'ensevelir dans la sensualité, tandis que brille le matin de ma vie ? Moi, le plus beau des animaux, épris de mes écuries et de mes chenils, possèdant jeunesse et santé, naissance et fortune, et choix exquis de femmes et de vins ? »

Puis, l'âge étant venu :

« Qu'as-tu fait pour moi, laide vieillesse, sinon de briser mes membres et de me faire souffrir la torture ? Ah ! je voudrais être parti à cette aube de ma vie, si brillante dans mes lointains souvenirs. »

« Ce que j'ai fait pour toi ? J'ai réduit à l'inanité la bête sauvage qui fut liée à toi pendant quatre-vingts ans, afin de t'alléger d'autant pour l'ascension que tu vas faire à cette échelle céleste, dont le sommet s'appuie aux étoiles. »

B.

L'homme idéal parle à son tour :

« Si mon corps descend de la brute, quoique plus beau que celui des ancêtres, je suis de race royale, et mon corps n'est que ma possession et mon domaine. Le maître doit-il baisser la voix ? — Non certes — Et si le sujet rebelle cherche à me précipiter de mon trône, tiens ferme ton sceptre, âme humaine, et gouverne ta portion d'animalité.

« Je suis monté jusqu'au sommet glacé de l'âge, et de là, j'ai regardé dans les champs du passé. — Souvent, j'y enlisai mes pieds dans les fondrières du vice. — Maintenant, je n'entends plus glapir la bête, et l'homme est devenu tranquille à la fin, debout, au point culminant de son existence, avec la perspective, en levant les yeux, de hauteurs encore plus sublimes. »

Ici, nous faisons un autre pas en avant, un pas, en quelque sorte décisif. L'existence qui, dès ici-bas, devient chaque jour plus large et plus brillante et tend vers le progrès, doit être suivie par une autre plus développée encore, plus radieuse, plus transcendante. L'homme *est* esprit, il *possède* un corps. Le vrai maître du logis, c'est l'être spirituel. Lui seul tient le secret de la vie ; à la dissolution du corps, il passera dans la grande vie de l'au-delà. Tous les poètes réellement grands l'enseignent. Tennyson, à la supposition que l'on périt avec le corps, fait cette réponse indignée :

« Le Printemps, l'Été, l'Automne et l'Hiver, le Cycle recommençant des saisons,

« Toutes les agitations, les révolutions des empires, à la fois nouvelles et anciennes —, les fluctuations des affaires humaines, que valent ces choses ?

« A quoi bon les philosophies, les sciences, les formules infiniment variées des prières,

« Ce qui est sublime et ce qui est ignoble, la vertu et le vice infect,

« Qui en fera la différence, si nous-mêmes n'avons d'autres destinées que d'être ensevelis dans le tombeau de notre corps défunt,

« Engloutis dans l'immensité, perdus dans le silence, noyés dans les profondeurs d'un Passé qui fut sans signification et sans but ?

« Que serait-ce que tout cela, de plus que le bourdonnement d'un insecte dans la nuit, la rumeur passagère des abeilles dans la ruche ?

« Les morts ne sont pas morts, mais vivants. »

N'y a-t-il pas un argument dans cette noble révolte contre la doctrine de l'annihilation — ce ressentiment de l'âme à la pensée que le corps pourrait être son tombeau ? La nature a donné à l'homme un sens droit, un infaillible instinct. La suprématie future de l'âme, dont elle nous donne l'intuition, est donc selon l'ordre de la création, et l'annoncer n'est pas raconter le rêve d'une imagination malade, c'est annoncer les desseins de Dieu sur notre race. Nous voyons ainsi que le refus d'adhérer aux désolantes doctrines du matérialiste donne raison aux doux pressentiments de la foi.

Et alors retentit le message que le Ciel a délivré aux anciens jours : En avant ! C'est l'appel de Dieu à l'humanité, appel qui doit être, et sera obéi ; nous irons au chant des Cantiques, si nous avons l'intelli-

gence, dans les soupirs et les larmes, si notre esprit
est rebelle ; mais tous avanceront ! Le « glapissement
de la bête », comme le dit Tennyson, aura cessé de
se faire entendre et l'homme, pleinement évolué à la
fin, s'élèvera jusqu'aux plus hauts sommets de la vie ;
d'abord guidé par la foi, puis dans le plein jour de
la consommation, quand la foi ne lui servira plus à
éclairer sa marche.

LA CAUSE INTENTIONNELLE.

Une des choses les plus difficiles à croire, c'est que tout soit dirigé par une volonté prévoyante. La vie nous apparaît presque universellement comme un conflit violent où se heurtent tous les contraires, même en dehors des affaires humaines, dans ce que nous appelons la Nature inanimée. Rien d'étonnant à ce que les anciens aient ima iné l'hypothèse de la « pluralité des dieux »; elle expliquait pour eux beaucoup de choses, et ainsi ferait-elle encore pour nous. Et cependant les plus brillants penseurs qui ont pris part au grand combat de l'existence, en ont rapporté la conviction qu'il y a Quelqu'un derrière la scène, qui connaît et conduit l'action d'une manière lente et patiente, mais assurée.

Ce n'était pas un oisif, un ignorant des misères humaines, celui qui disait :

« De même que la *Création* d'Haydn et le *Messie* d'Hændel sont de la musique à nos oreilles, ainsi le développement progressif de la race humaine est une musique à l'oreille du Très-Haut. Une composition musicale ayant besoin, pour être comprise, d'être achevée, la musique de notre sphère n'est pas intelligible pour l'homme et ne saurait l'être, tant que le Suprême artiste n'aura pas fini son œuvre, en ce qui concerne l'esprit humain. Mais pour Lui, placé en dehors du temps, ses innombrables mondes lui font un concert ineffable et éternel. »

C'est une idée agréable et consolante, et il y a beaucoup à dire en faveur d'une croyance si raisonnable.

L'histoire de la terre elle-même, en tant que planète et à part de la vie qui s'est développée à sa surface, est un clair exemple de la sorte d'intention providentielle qui peut être attribuée à Dieu. La Science nous fait assister à la bataille des éléments primitifs, masses de gaz et de métaux en fusion, jaillissant et roulant, avec un bruit effroyable, sous un dais de vapeurs embrasées. Qui donc, voyant la terre alors, aurait prévu le lent développement, à travers des millions d'années, de ce monde qui enchante à présent nos regards ? On nous ramène vers des jours où des êtres rampants, des types hideux et monstrueux de l'existence, possédaient seuls la terre habitable. Quel Ange resplendissant dut être celui qui regarda au loin, dans la lente succession des âges, la venue de l'homme idéal représenté par Jésus-Christ ! Il n'était pas moins difficile de voir, dans la forme rude des premières agrégations humaines, le type du droit social et des grandes institutions de notre civilisation moderne si complexe, et de faire le rêve d'une civilisation supérieure, d'où seront élaguées les barbaries qui déshonorent encore la nôtre. Car le Progrès splendide suit son cours ; il n'a pas un moment d'arrêt. Et ce qui est bien significatif, nous voyons déjà, de nos jours, l'ascendant de la pensée sur la force et le nombre. Les hommes d'idéal mènent la foule. Le royaume approche.

Cela est également vrai à l'égard de la Religion. La loi impérieuse de l'évolution, comme la force de gravitation, ne laisse rien d'inerte, rien en arrière. C'est elle, cette évolution si puissante, qui s'identifie pour nous avec la volonté de Dieu — et cela ne lui ôte pas son caractère providentiel, d'être une force en travail pendant des myriades de siècles, pour accomplir les intentions divines.

Ces faits concernant la création passée et présente, continue et progressive du monde et de l'homme, sont énergiquement affirmés par des savants même que l'on croit les ennemis de la religion, et qui eux-mêmes se sont laissés persuader à demi, par les orthodoxes, qu'ils étaient irréligieux en effet. Mais des hommes comme Tyndall, Haeckel, Huxley et Spencer ont réellement bâti le nouveau temple, où nous, modernes, aurons la joie d'abriter nos adorations envers Dieu.

Beaucoup ont lu avec plaisir la lettre écrite par M. Spencer à un ministre, le remerciant d'avoir appliqué à la Religion la grande doctrine et la méthode de l'évolution ; et nous remarquâmes avec une joie profonde que, quand les amis américains de M. Spencer vinrent lui dire adieu, un des principaux de ceux qui prirent la parole adopta le même sujet, et montra combien il serait avantageux pour la Religion si cette haute doctrine pouvait être appliquée à la foi et à l'espérance. S'adressant au Maître, et lui faisant voir le plein effet de ses splendides doctrines, l'intelligent orateur disait :

« Que dit la doctrine de l'Évolution au point de vue moral, touchant les idées du bien et du mal, double base de toute religion ? Quoique nous ne puissions scruter l'insondable pouvoir qui anime le monde, nous connaissons pourtant beaucoup de ses ouvrages. Cette puissance éternelle fait-elle le bien ? Y a-t-il une sanction divine pour la sainteté, une condamnation divine pour le péché ? Les règles pour bien vivre sont-elles réellement basées sur la constitution intime de l'Univers ? Si la réponse de la Science à ces questions est affirmative, son accord avec la religion est complet, dans la spéculation comme dans la pratique, et ce spectre obsédant, terreur des esprits timides et superficiels, le conflit de la Science et de la Religion sera exorcisé pour toujours. Eh bien, à cela la Science a commencé à répondre oui, du jour où elle a défini les croyances et les sentiments moraux des produits de l'évolution. Évidemment lorsque vous dites qu'une croyance, qu'un précepte moral est le fruit de l'évolution, vous parlez d'une chose que le monde a mis des siècles à enfanter, et vous attribuez à cette chose une valeur proportionnée à l'effort énorme qu'elle a coûté. Bien plus, quand, avec M. Spencer, nous étudions les principes de la morale et de la droiture, comme partie intégrante de la doctrine du développement de la vie sur la terre ; quand nous voyons, en dernière analyse, que le bien tend à la plus grande plénitude d'existence, le mal, à s'étioler et à languir, nous constatons qu'en effet la distinction entre le bien et le mal tient aux racines les plus profondes de l'Univers. Nous voyons ces forces mystérieuses, exquises et subtiles, qui apportèrent le premier germe de la vie, les firent se développer pendant des siècles sans nombre remplis de luttes et de destructions, toujours favoriser la vie la plus parfaite, pour détruire la vie qui était moins parfaite, jusqu'à ce que l'homme, avec ses espoirs, ses craintes et ses aspirations, apparût comme le couronnement de l'œuvre admirable. — Nous voyons que ces mêmes forces, exquises et subtiles, ont imprimé au cœur même de l'Univers ces principes de morale que la plus haute fonction de l'homme est de mettre en pratique. La sanction ainsi donnée au bien est, sans comparaison, la plus puissante qu'elle ait jamais eue dans aucun système de morale. La responsabilité humaine reste plus stricte et plus solennelle que jamais, du moment que nous voyons cette Eternelle puissance, cause de tout ce qui arrive dans l'Univers, être au sens le plus profond possible l'auteur de la loi morale, de cette loi qui devrait être notre guide, et dont l'observation est pour nous l'unique garantie d'un bonheur durable, incorruptible, du seul bonheur que, ni les inévitables changements de fortune, ni les affronts immérités ne peuvent nous retirer. »

Dieu soit donc béni ! De toute façon et partout éclate l'heureuse vérité qu'il y a réellement un dessein providentiel, irrésistible, patient, sans défaillance, qui se réalise par des lois, non par des miracles ; au moyen d'un lent travail, non par de soudaines interventions, mais en harmonie toujours avec la liberté et la personnalité humaines.

Cela est admirablement consolant et encourageant ! Rien n'existe en vain ; nulle époque n'est isolée, nulle portion de la vie universelle sans relation avec l'ensemble. Le passé et le présent ne font qu'un, que dis-je ? L'avenir lointain, non encore éclos, inconnu, s'identifie avec le présent pour nous. Et au-dessus, au-dessous de nous, devant nous et nous entourant, subsiste cette Unité de Puissance, cette Providence éternelle, cette Volonté irrésistible, que rien ne peut entraver ni contrarier et qui, bon gré mal gré, nous pousse tous en avant. Que ferai-je devant ce Tout-Puissant que d'admirer et révérer, écouter, obéir et adorer ? Que ferai-je, que de me réjouir en mon cœur, voyant à travers les âges, une volonté divine qui veut le progrès ? Que ferai-je, que de m'abandonner à elle, — à Lui — et de dire : Que votre volonté soit faite, O mon Dieu, qui goûvernez toutes choses selon le conseil de Votre Sagesse ?

PARFAIT PAR LA SOUFFRANCE.

Parmi les titres nombreux que l'Écriture donne à Jésus, notre frère en misère, notre champion et l'auteur de notre salut, il en est un d'une signification importante, et qu'il faut bien remarquer, c'est celui de « parfait par la souffrance ».

C'est cette image, de la Sainteté par l'épreuve, qui semble avoir profondément impressionné les premiers chrétiens. « L'homme de douleurs » était toujours devant leurs yeux. Même aujourd'hui, sous une rouille de frivolité et de superstition grossière, le symbole de la croix brille, merveilleusement puissant encore.

Cette doctrine, ou cette maxime de conduite de la perfection par la souffrance, est directement opposée aux idées du monde. Mais elle est vraie, aussi vraie selon la philosophie et l'expérience, qu'au point de vue des sentiments et des aspirations du Chrétien. Par « souffrance » je n'entends pas seulement l'état des misérables, je veux dire cette angoisse et ce dégoût, ce besoin de réagir contre les défaillances, que l'on éprouve en face des furieux efforts de l'armée du Mal. Ce sont là des souffrances communes aux riches et aux pauvres.

Mais qu'est-ce donc qu'être parfait ? Cela ne signifie pas vivre à part, selon les principes d'une morale froide et dédaigneuse ; car ceux qui cherchent la perfection dans l'isolement et les ennuis attachés à cet état, sont dans une erreur complète. Être parfait, au sens le plus haut, c'est avoir atteint le plus vaste développement, en profondeur et en tous sens, du moi intérieur, c'est avoir acquis les qualités et le caractère appartenant à la vie idéale.

La souffrance conduit à la perfection en achevant la création de l'homme. Elle met en jeu les forces les plus mystérieuses et les plus subtiles de notre nature spirituelle : le discernement, la patience, la volonté, la sympathie pour les autres, le sentiment de la personnalité, la sérénité, même en l'absence de bonheur. L'agitation et les traverses de l'existence sont des sources bénies, qui donnent à l'âme conscience de sa force. Une existence tout ensoleillée est trop souvent superficielle. La souffrance, quand elle n'agit pas, donne du sérieux et de la profondeur à la pensée : de cette manière, elle est favorable au génie. L'amour compatissant, la compréhension de ce que la vie a de cruel, le courage pour combattre, la folie de la croix, entraînent l'homme bien loin des régions basses et terrestres. Ils conduisent au riche développement de l'Ego supérieur, dont l'exemple le plus sublime est la personne mystérieuse et toute puissante en œuvres de Celui qui mourut sur le Calvaire.

Ce que nous venons de dire au sujet de la douleur, s'applique également à la sympathie pour nos semblables, sentiment évidemment favorable à l'humanité, développant le caractère, mais qui serait bien impossible sans la fraternité de l'infortune. David Garrick exprimait cela assez justement, lorsque plaidant pour ceux de sa profession, il disait :

« Je suis leur avocat, je plaide avec mon cœur,
« Souffrir du même mal rend sensible au malheur ».

Un plus grand que l'acteur Garrick disait de celui qui est au-dessus de tous : « Il a porté le poids de nos infirmités ». Cela serait vrai aussi de toutes les belles et nobles personnalités qui ont exercé leur influence sur le monde.

La souffrance perfectionne encore en développant la patience et le courage dans l'épreuve. Elle donne l'énergie, et la faculté de supporter la contradiction et la peine. Elle produit tout au moins cette douce résignation si commune chez les pauvres, et qui est admirable à voir. Le colporteur qui va de rue en rue, de porte en porte, les pieds dans la boue et dans la neige, ou bien exposé toute la journée au brûlant soleil avec son lourd fardeau, et pour un si faible gain ; le petit marchand de journaux, criant quarante fois avant de vendre une feuille et d'avoir sa remise sur un sou ; l'artisan qui ne sait où il installera sa boutique parce qu'il n'a pu payer son loyer ; la pauvre ménagère, terrassée par les fatigues et la maladie, et qui n'a personne pour lui venir en aide : — tous profondément intéressants, dramatiques quelquefois, mais le résultat ? Souvent, sans doute, l'endurcissement de cœur, l'amertume et le découragement — mais combien de fois le contraire ! C'est un fait que, pour le développement individuel, et l'initiative des milliers de pauvres gens, qui ne sont regardés ni aimés de personne, sans politesse, sans éducation, sont bien en avance sur des gens du monde, qui dédaigneraient d'avoir avec eux le plus léger contact. Quel magnifique trésor de patience, de fermeté, de courageux efforts et de gaieté possèdent l'ouvrier de chantier, le marchand des rues, le gamin qui vend des journaux ! Bien des nourriceries de Mayfair et des clubs de Pall-Mall ne pourraient pas en montrer autant. Jésus n'avait-il pas ces choses en vue lorsqu'il disait : « Les derniers seront les premiers, et les premiers seront les derniers » ?

De sorte que, selon les paroles consolantes de Keats, cette « vallée de larmes » est le lieu où se façonnent les âmes. « Comment », dit ce poète, « les âmes peuvent-elles être formées ? Comment ces étincelles, qui sont d'origine divine, peuvent-elles recevoir leur marque personnelle, sinon par le moyen d'un monde comme le nôtre ? » Keats appelait ce système « le Salut par la création de l'Esprit. » Il disait que nous étions tous à l'école, et s'expliquait ainsi : « J'appellerai le monde une école, où les petits enfants vont apprendre à lire ; le cœur humain y sera l'alphabet, l'écolier sachant lire, ce sera l'âme formée à l'école de ce monde et à l'aide de cet alphabet. Ne voyez-vous pas combien est nécessaire un monde de chagrins et de souffrances, pour instruire l'intelligence et en faire une entité spirituelle ? Il faut un lieu où le cœur souffre et sente de mille manières. Le cœur est non seulement le premier livre enfantin, il est aussi la Bible de l'âme, le recueil des expériences de la vie, le texte où l'Ego spirituel puise les éléments de son identité. Aussi variées sont les existences humaines, aussi variées seront les personnalités qui en proviennent ; et ainsi Dieu fabrique des êtres individuels, des âmes ayant chacune leur empreinte originale, avec les étincelles de sa propre essence divine. J'ai observé combien les hommes se modelaient d'après les circonstance s. L'action du monde extérieur ne se fait-elle pas sentir sur l'homme, l'éprouvant, fortifiant ou altérant sa nature ? Et qu'est-ce que la nature humaine ainsi modifiée, sinon l'âme spirituelle ? Avant la naissance en ce monde d'épreuves, il n'y avait qu'une intelligence sans identité. Comment a-t-elle pris conscience d'elle-même ? Par le moyen du cœur — et comment le cœur devient-il apte à cet office, sinon par le contact d'un monde émouvant et romanesque ?» Ainsi l'homme intérieur est vraiment manifesté, il se connaît lui-même et devient adulte par l'expérience : l'expérience, c'est-à-dire, pour la grande multitude, la sombre douleur, avec les bien rares éclaircies de la joie !

La souffrance perfectionne enfin l'homme, en l'invitant à porter ses regards en-haut : et cette élévation de la pensée, quand elle contient une opération vers la délivrance, est le grand achèvement dans le procédé de création de l'âme.

Il est émouvant et instructif de constater que, dans la vie humaine, la souffrance ne conduit pas au scepticisme, mais à l'aspiration vers Dieu et le monde invisible. En vain le pessimiste crie au malheureux:

« Maudissez Dieu, et mourez! » (1) La pauvre âme ne sait que soupirer — « J'élèverai mes regards vers Vous, ô mon Dieu, qui habitez dans les Cieux! » Ce sera sa réponse.

La langueur physique laisse l'âme plus près de la surface, a dit un voyant et un sage. Le pessimiste révolté, généralement, n'est pas l'homme qui souffre ; il est le spectateur philosophique qui observe — Ce n'est pas un combattant de la vie, mais un élégant dilettante. Ce n'est pas lui qui eut écrit « du fond de l'Abîme » les douloureux versets du psaume 129.

Au pauvre besogneux, au vaincu de la vie, le désespoir a, dans nos propres jours, donné les conseils suivants :

Va-t'en gagner ta fosse misérable,
Muet, courbé, vaincu par le destin ;
L'effort est vain ! Tout résiste et t'accable,
Il te faut désarmer enfin.

Trop a duré la lutte — elle est finie !
Laissons les gens faire à leur bon plaisir
Du cygne une oie, et de l'âne, un génie ;
Toi qui es las, va-t'en dormir !

Tu fus honni, flétri par la malice ;
Les meilleurs, avant toi, ont eu le même sort.
Ils combattaient, ardents, pour la justice,
Mais durent céder au plus fort.

___

(1) Job, Chap. II.

Le souvenir des luttes et des souffrances du passé nous crie cependant toujours : « Soyez fidèles jusqu'à la mort. »

Un coup de feu, encore, et puis silence !
Que les soldats du triomphe futur,
Quand crouleront les forts de l'Ignorance,
Trouvent ton Corps le long du mur.

Et c'est ainsi que, de siècle en siècle, hommes et femmes ont été rendus parfaits par la souffrance, par le même moyen que Jésus fut parfait, que fut parfaite, sur les chemins poudreux de la vie, la plus belle fleur d'humanité, les saints et les sages ; comme vous et moi nous pourrions être parfaits, ami lecteur, dans notre humble cours d'existence.

FIN

6

PETITE IMPRIMERIE VENDÉENNE — LA ROCHE-SUR-YON —

Documents marquants (pages, cahiers...)
NF Z 43-120-13

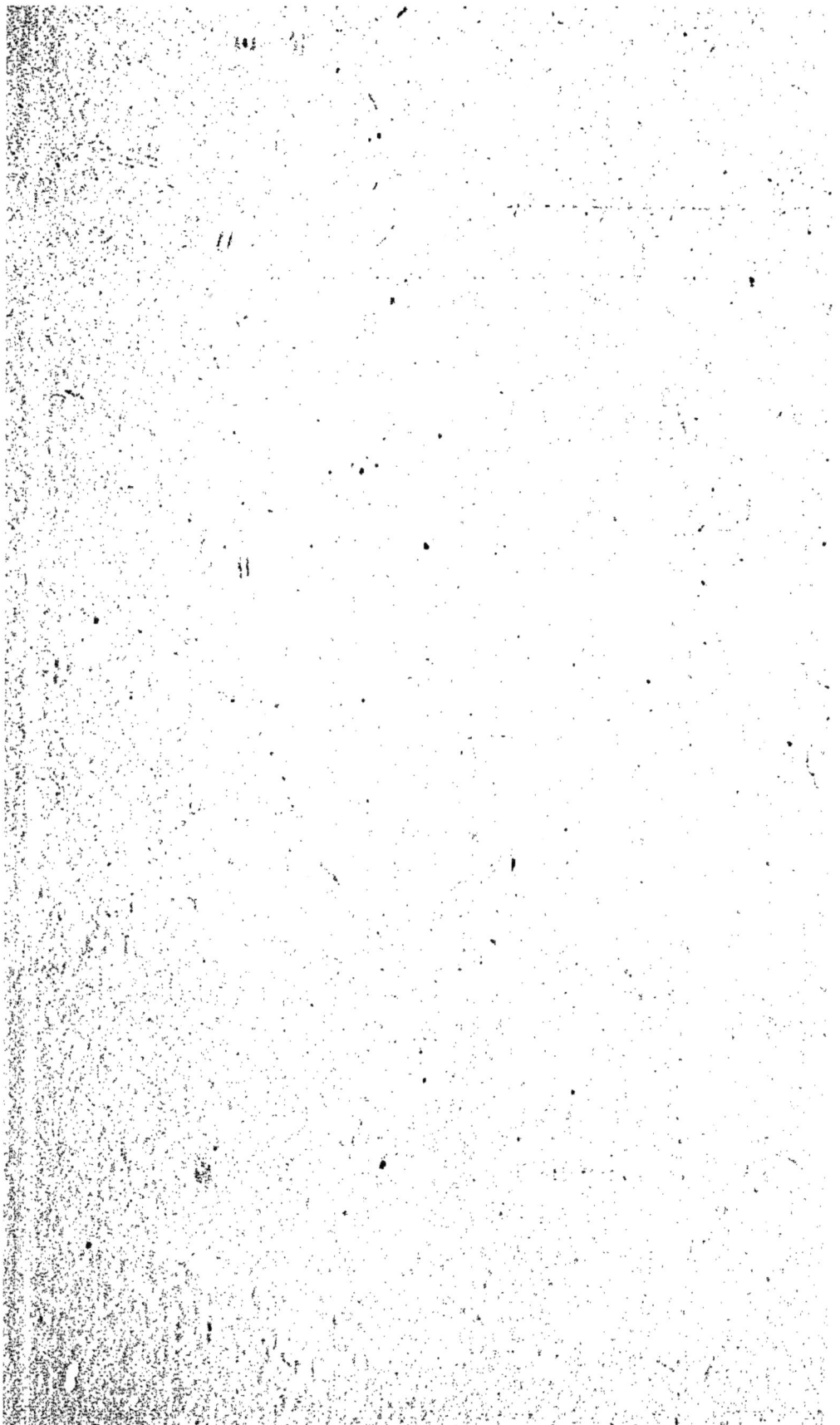